# L'ESPRIT DE LA LIGUE,

OU

HISTOIRE POLITIQUE

DES TROUBLES DE FRANCE,

Pendant les XVI & XVIIe siécles.

*TOME PREMIER.*

# L'ESPRIT DE LA LIGUE,

*OU*

## HISTOIRE POLITIQUE *DES TROUBLES DE FRANCE;*

Pendant les XVI^e. & XVII^e. siecles.

*PAR M. ANQUETIL, Chanoine Régulier de la Congrégation de France, Prieur de Château-Renard, & Correspondant de l'Académie Royale des Inscriptions & Belles-Lettres.*

Nouvelle Edition.

TOME PREMIER.

*A PARIS,*

Chez MOUTARD, Imprimeur-Libraire de la REINE, rue des Mathurins, Hôtel de Cluny.

M. DCC. LXXIX.

*Avec Approbation & Privilége du Roi.*

Il faut dire la vérité quand on écrit l'Hiſtoire; mais il faut la dire avec tout l'éclat de ſon tonnerre, quand on parle des vices des Princes, & de ces vices encore qui ruinent les Monarchies; & qui fauchent des races entieres.

*Le Laboureur, tom. II, pag. 261.*

## *AVERTISSEMENT*

*Sur cette ſeconde Edition.*

DEPUIS que l'Eſprit de la Ligue a paru, j'ai recueilli avec ſoin les obſervations que pluſieurs perſonnes ont bien voulu me communiquer. Je leur en marqué ma reconnoiſſance par les corrections littéraires, grammaticales & typographiques, qui caractériſent cette ſeconde édition. Un ſeul Ecrivain, dans un livre imprimé, a preſenté des réflexions que cette circonſtance de publicité, jointe à mon reſpect pour l'Auteur, ne me permet pas de laiſſer ſans réponſe.

Cet imprimé eſt une *Diſſertation* de Mr. l'Evêque de Grenoble, *à l'occasion des actes de l'assemblée du Clergé de France de* 1765. 3 vol. in 4°. 1768. Dans la 2e. partie, se trouve la note dont il est ici question, depuis la page 176, jusqu'à la page 229.

P. 177. Le Prélat dit d'abord, que *j'ai un peu trop négligé les citations*. Il indique, pour la meilleure manière d'écrire l'histoire, celle de Mr. de Tillemont. Je suis de son avis à l'égard d'une histoire faite pour être consultée par les Sçavans, laquelle doit alors réunir, en forme de collection générale, faits & preuves; mais pour une histoire qu'on veut faire lire à tout le monde, je crois qu'il faut également y éviter l'étendue & la multiplicité des notes de Mr. de Tillemont & la ſéchereſſe de ſon texte.

P. 178. Mr. de Grenoble ſouhaiteroit que *je prouvaſſe mieux, que je ne parois avoir fait, que la Religion ne doit en aucune façon être regardée comme une des cauſes de la Ligue.* Pour moi j'ai prétendu non pas *prouver*, mais *raconter*, & j'ai laiſſé au lecteur à tirer de la narration les inductions que les faits preſentent. Mr. l'Evêque, dans la ſuite de ſes réflexions, tire partout l'induction qu'il ſouhaiteroit que j'euſſe montrée plus explicitement : Tant mieux pour la Religion, qui ſe trouve ainſi préſervée de toute imputation odieuſe, par les ſeuls faits. L'hiſtorien raconte, le lecteur reflèchit & conclut;

prévenir ses réfléxions, c'est souvent lui rendre une bonne cause suspecte ; en conséquence du proverbe, *qui se justifie a tort.*

Voilà les deux reproches généraux, que le docte Prélat assaisonne d'ailleurs de beaucoup de louanges sur la conduite, l'interêt, & même l'utilité de l'ouvrage.

Suit un extrait, année par année. Mr. de Grenoble s'y arrête souvent sur des faits uniquement pour le plaisir de prouver qu'il en résulte que la Religion n'a pas été cause de la Ligue. Tant mieux, encore un coup, qu'il puisse fréquemment tirer cette induction ; mais en qualité d'historien je n'ai pas dû le faire. Ainsi sans parler en détail des obſervations de cette eſpèce, je m'en tiendrai à celles qui demandent quelques éclairciſſements.

P. 180. Je prie Mr. de Grenoble, de prendre la peine de relire ce que j'ai écrit ſur les Suiſſes (pag. 5. Tom. 1r.) il n'y trouvera pas que je *ſuppoſe que le zéle pour la prétendue réforme ait influé en rien dans l'union des treize Cantons*; je ſai qu'il y avoit plus de 200 ans qu'ils s'étoient formés en République. Je dis ſimplement *qu'ils furent peut-être les ſeuls qui s'armèrent, par un vrai zéle dépouillé de tout motif humain*: c'eſt ce qu'on peut prouver par les traités des deux partis, bien différents en Suiſſe de ceux de France.

En France dans les traités,

les édits, les écrits des deux partis, il est toujours question d'argent, de dignités, de recompenses pour les Chefs; ce qui marque que leurs passions avoient autant & plus de part aux brouilleries, que la Religion. En Suisse, au contraire, il n'étoit question dans les diplômes & autres actes publics, que de réglemens de Religion. Par-tout les Magistrats ne font que recommander la modération, la paix, & le silence: c'est peut-être ce qui a fait dire à quelque plaisant, *qu'ils avoient defendu de parler de Dieu en bien, ni en mal.*

P. 181. Je ne me trouve pas (p. 13) en conrradiction avec Mr. Bossuet, en disant qu'après la publication des institutions de Calvin, *insensiblement les variations cesserent.* Cela doit être expliqué par les lignes qui précedent. J'y dis que l'ouvrage de Calvin *réunît presque tous les esprits dans un cercle dont ce corps de doctrine fut comme le centre.* Ainsi je n'entends pas qu'il n'y ait plus eu de variations entre les Sacramentaires particuliers; puisque je dis, non pas que Calvin réunît *tous* les esprits, mais *presque tous*: j'entends simplement que le corps eut un plan fixe de doctrine, ce qui n'étoit pas auparavant. Cependant comme cette phrase, *les variations cesserent*, peut induire en erreur, je l'ai retranchée dans cette édition.

P. 187. Il peut se faire que

la conjuration contre la Reine de Navarre (p. 195.) ne soit pas l'ouvrage du Cardinal de Lorraine. Le mémoire qui l'en accuse n'est peut-être pas assez authentique. Ainsi, quoi qu'il y ait de fortes conjectures, pour ne rien affirmer que de certain, je ne parle plus aujourd'hui de ce Cardinal. Mais ses négociations au Concile de Trente (p. 190.) sont certaines autant que puissent l'être des opérations clandestines. Fra-Paolo le dit clairement, & Palavicin le fait soupçonner.

P. 189. Le Prélat m'accuse de vouloir (p. 211.) faire regarder les *confréries* & des *minuties* comme les *causes* de la Ligue, au lieu des passions des Chefs; & je dis simplement que les *con-*

*fréries* des Catholiques & les *aſſociations* des Huguenots préparerent des ſoldats aux Chefs.

P. 192. La réflexion de Mr. de Grenoble, que quand il ne reſte que des lueurs, on ne doit pas ſe flatter d'indiquer *d'une main ſûre*, eſt très-juſte, & je l'adopte bien volontiers en ſupprimant ce mot.

P. 196. Sur cet endroit de la page 44, du 2 vol. *il ne faut pas croire que la religion ſeule aiguiſa les poignards*. Mr. de Grenoble dit: *que ces expreſſions conduiſent naturellement à faire juger, que la religion a appris l'uſage déteſtable des poignards*. Oui: ces mots iſolés pourroient préſenter pareille idée; mais placés comme ils ſont après l'énumération de pluſieurs fanatiques, qu'un faux zéle de religion tout ſeul porta à des aſſaſſinats le jour de la St. Barthélemi, ces mots marquent ſimplement qu'il y en eut d'autres qui devinrent aſſaſſins par des motifs différents d'un faux zéle, & la preuve en eſt donnée enſuite.

P. 205. Le Prélat eſt fâché que j'aie introduit ſur la ſcéne (p. 245.) avec trop de *diſtinction* le P. Matthieu, *courier de la Ligue*, & que j'aie dit, que *tout ſon ordre étoit dévoué à la Ligue.* C'eſt ce que je prouverai quand on voudra; mais je ne les en blâme pas, c'étoit la manie du temps. Quand à la *diſtinction* je la marque où je la trouve, comme je l'ai fait à l'occaſion du petit Feuillant, du prieur des Chartreux & des autres acteurs de *la procession de la Ligue.*

Mr. de Grenoble dit que, *inculper* particulièrement les Jesuites dans cette circonstance, *c'est l'effet de l'injustice, de l'ignorance, ou d'une inadvertance inexcusable*; il est dur de ne me laisser le choix que de l'une de ces trois causes. Pourquoi ne pas ajouter le préjugé? ce seroit une inculpation un peu plus supportable.

P. 211. Le Prélat me reproche de n'avoir pas fait connoître (p. 75 du 3e. vol.) que *l'oraison impie, que les Ligueurs disoient à la messe, étoit le fruit de la fureur de quelques particuliers; mais qui ne fut jamais avoué par une autorité ecclésias-*

*tique légitime.* Je trouve tom. 3^e^. des mémoires de la Ligue, p. 540, & 543. que cette oraison vint immédiatement après le décret de la faculté de théologie du 5 avril, qui enjoignoit de *retrancher le nom de Henri du Canon, & d'y substituer des priéres pour les Princes Catholiques.* Il est vrai qu'il n'est pas dit que ces priéres soient l'oraison que j'ai rapportée; mais on a droit de conjecturer qu'elles étoient a peu près semblables: & d'après le décret de la Faculté, on ne doit pas blâmer un historien, qui en rapportant qu'on disoit cette oraison à la messe, n'y ajoute point que *ce fût le crime de quelques particuliers; mais qui ne fut jamais avoué par une autorité ecclesiastique légi-*

*time* ; il devroit peut-être ajouter le contraire.

P. 221. *En ſe reſumant*, Mr. l'Evêque de Grenoble dit que *mon livre merite d'être lu*; *qu'il y a du profit à en tirer*, *mais qu'une infinité de traits très-importants à connoître, ne s'y trouvent pas*. A juger de ces omiſſions par celles que le Prélat ſupplée, ce ne ſont point les faits qui manquent; mais les preuves & les variantes.

Si je les avois mis, elles n'auroient rien appris aux gens auſſi érudits que le Prélat, & elles auroient ennuyé les autres.

On trouvera dans cette nouvelle édition les obſervations ſur les ouvrages cités dans mon livre beaucoup plus amples & plus juſtes que dans la premiere. C'eſt Mr. MERCIER, Abbé de St. Léger de Soiſſons, Bibliothécaire de Sainte Geneviéve, mon confrère & mon ami, qui, pour ce travail, a bien voulu m'aidér de ſes lumières, dont le public connoît l'étendue.

*PRÉFACE.*

# PRÉFACE.

J'AI à prévenir mes Lecteurs sur les *Motifs* & le *Titre* de mon Ouvrage, sur les *Autorités*, le *Plan* & le *But*.

I.° Nous avons plusieurs histoires de nos troubles, tant anciennes que modernes, tant générales que particulières; mais il m'a paru qu'il nous en manquoit encore une qui s'attachât plus aux causes qu'aux effets, & qui, écartant tout ce qui n'a pas une relation directe à nos guerres civiles, réunît sous un même point de vue, comme dans un seul tableau, le commencement, les progrès, & la fin de nos malheurs. J'ai travaillé d'après cette idée, & j'y ai été excité par l'eſpérance que cet enſemble mettroit des événemens déja connus, dans un jour propre à les faire revoir avec un nouvel intérêt. J'ai donc choiſi entre les faits, ceux qui ont le plus contribué à la marche & au dénouement de l'intrigue; ceux principalement qui en montrent les reſſorts ſecrets, & j'ai intitulé mon Ouvrage: *L'Eſprit de la Ligue*, parce qu'à proprement parler, ce n'eſt que le développement des cauſes de cette fameuſe faction. Comme depuis quelque temps le mot d'*Eſprit* eſt devenu très-commun à la tête des Livres, on taxera peut-être mon choix d'affectation; mais je ne crois pas que cette raiſon doive m'empêcher de prendre un titre qui paroît exprimer parfaitement, & mieux que tout autre, l'objet de mon travail.

II.° On verra par la liste des Auteurs, qu'il y en a peu que je n'aie consultés. Quand aux raisons qui m'ont déterminé à suivre le sentiment de l'un, plutôt que celui d'un autre, elles pourroient toutes seules faire la matière d'un long ouvrage. Une pareille discussion seroit même inutile à l'égard de chaque Auteur; car pour peu que le Lecteur soit instruit, il sentira de lui-même mes motifs de préférence. Je me contenterai donc de les exposer ici en général.

J'ai pris d'abord, pour fondement de ma narration, les histoires de MM. de Thou & Davila, comme les mieux instruits des faits, de leur succession, & des époques. On trouvera leurs livres cités, comme *en regard*; & quand par hasard leurs récits ne s'accordent pas, je me décide par le témoignage d'autres Auteurs contemporains.

Mais l'avantage d'avoir écrit dans le temps même des événemens, n'est pas toujours pour moi une autorité déterminante. Tant de causes ont pu égarer l'Ecrivain ! Des préjugés d'enfance, de famille & de parti ; les liaisons d'intérêt ; l'amitié & la haine ; l'admiration & le mépris ; le caractère même de l'Auteur. Le doux tolère & excuse, le vif outre & exagère ; le politique voit des rafinemens où l'homme naïf ne voit qu'une marche naturelle & sans dessein. L'un attribue toutes les actions à l'amour de la Religion, au zèle patriotique : l'autre leur donne pour principe l'ambition, la haine, le libertinage, le dépit, la vengeance ; & souvent les imputations ne sont pas les mêmes d'une année à l'autre, parce que les intérêts de l'Ecrivain ont changé. Enfin, Guerriers, Magiſtrats, Courtiſans, Prêtres, Miniſtres, les plus judicieux, ont toujours donné à leurs ouvrages quelque teinte des opinions de leur état. Il m'a donc fallu, non-ſeulement étudier leur caractère, mais connoître leur profeſſion, & diſtinguer les temps, avant que d'adopter leurs réflexions, les motifs qu'ils prêtent aux démarches des Chefs, & les anecdotes qu'ils avancent comme les plus certaines. Heureux encore, ſi je ne m'en ſuis pas laiſſé impoſer, au préjudice de la vérité, par la réunion & la gravité des témoignages, & ſi je n'ai pas vu moi-même avec des yeux obſcurcis par les nuages de la prévention !

III.° Rien de ſi ſimple que mon *Plan*. J'ai commencé au

moment où le désir de professer publiquement & d'étendre la nouvelle Religion a tourné en intrigue, & j'ai fini lorsque l'intrigue détruite est redevenue desir de pratiquer librement un culte toléré. Cependant, comme on aime à voir d'où partent les choses, & ce qu'elles deviennent, j'ai ouvert l'histoire par une courte introduction qui expose l'état de l'Europe par rapport à la Religion, & surtout de la France, à la naissance des troubles, & j'ai terminé par un récit abrégé des mouvemens qui se sont encore fait sentir depuis l'extinction de la Ligue, jusqu'à l'entière proscription de la Religion prétendue réformée.

Je n'ai point suivi de règle fixe pour la distribution des livres. Ils sont tantôt longs, tantôt courts, selon que j'ai trouvé dans l'hiſtoire des temps de repos, ou des changemens de ſcène. J'ai auſſi placé en tête & en marge des ſommaires qui ſoulagent la mémoire, & aident à ſuivre le fil de la narration.

IV.° Enfin, mon *But* eſt de faire connoître à mes contemporains, par l'exemple de leurs pères, qu'il n'y a point de maux qui ne ſoient préférables aux guerres civiles : que l'incendie vient ſouvent d'une étincelle : que le peuple eſt ordinairement victime de l'ambition & des autres paſſions des grands : qu'il court toujours moins de riſque en s'attachant à ſes Rois : que le plus grand malheur qui puiſſe arriver, eſt que les ſujets perdent la confiance & l'amour qu'ils doivent aux Souverains : que toute révolution commence par des Ecrits qui, de modérés, deviennent inſenſiblement audacieux; par des aſſociations qui, formées ſous des prétextes plauſibles, & avec apparence de droit, ſont comme des foyers où les factieux viennent enſuite allumer les flambeaux qui embrâſent les royaumes.

Puiſſent ces vérités ſe graver profondément dans le cœur de mes compatriotes! Je me croirai bien récompenſé de mon travail, ſi je réuſſis à inſpirer l'averſion pour le ſang, la haine des complots, & l'horreur du fanatiſme.

OBSERVATIONS

# L'ESPRIT DE LA LIGUE, OU HISTOIRE POLITIQUE DES TROUBLES DE FRANCE, *Pendant les XVI^e^ & XVII^e^ Siecles.*

## LIVRE PREMIER.

LE seizieme siecle est une époque remarquable dans l'histoire de l'Europe, par les révolutions effrayantes qui ont changé la face de presque tous les Royaumes. La Religion fut le prétexte plutôt que le motif des guerres civiles qui caractérisent entre tous les autres ce siecle malheureux, Troubles en Europe pendant le XVI. siecle.

Selon le différent génie des nations & de leurs chefs, l'attrait pernicieux de la nouveauté, la haine, l'ambition, l'amour, la jalousie, la vengeance, allumerent des bûchers, précipiterent les Rois de leurs Trônes, armerent la main du fanatisme, & firent de l'Europe un théatre sanglant, où les passions des hommes, couvertes du manteau de la Religion, donnerent le spectacle des catastrophes les plus tragiques.

Dans l'Empire.

La doctrine de Luther, quelque favorable qu'elle fût à la cupidité des Princes, avides des richesses de l'Eglise, n'auroit peut-être pas fait dans l'Empire des progrès si rapides, si elle n'avoit été regardée, par plusieurs Membres du Corps Germanique, comme un frein capable d'arrêter les projets ambitieux de Charles-Quint. L'hérésie terrassée par cet Empereur, trouvoit souvent dans les Princes Catholiques des ressources qui la rendoient plus formidable.

Les paix simulées que ce Prince faisoit dans la nécessité de ses affaires, les conférences & les disputes d'éclat qu'il permettoit, ses édits contradictoires, ne faisoient que mêler les Catholiques avec les Luthériens, & hâter la ruine de l'ancienne Religion. L'esprit d'enthousiasme s'empara des nouveaux Evangélistes, tantôt réprimés trop durement, tantôt lâchement tolérés. Une multitude de sectes germa dans le sein de l'Allemagne; il en sortit des monstres de férocité, de barbarie & d'impudicité : tels furent les Anabaptistes, qui foulerent aux pieds les loix, érigerent en dogmes des abominations déteſtables, & s'éleverent des trônes, d'où ils ne purent être précipités que par le carnage d'une infinité de malheureux, qui s'étoient laissé entraîner au torrent de la séduction.

En Boheme & en Hongrie.

La crainte de la domination Autrichienne, plus que le zele de la Religion, rassembla les restes des anciens hérétiques errants dans les forêts de la Bohême & de la Hongrie. Leur nombre, grossi par les sectaires chassés des Etats catholiques, s'accrut à proportion des atteintes qu'on vouloit porter aux privileges de ces peuples fiers & belliqueux : il fallut une politique perfide, des trahisons, de lâches assassinats, pour les faire passer sous le joug qu'ils redoutoient.

En Pologne & en Prusse.

L'hérésie triomphante en tant de lieux, ne fit que de foibles progrès en Pologne, où il n'y avoit point de partis qui eussent intérêt à l'étendre : quelques exemples de sévérité suffirent pour l'intimider & la faire presque disparoître ; mais l'appas d'une couronne la rendit souveraine en Prusse. Ce pays appartenoit à l'Ordre Teutonique : le Grand-Maître, Albert de Brandebourg, secoua le joug de ses voeux pour se marier, & rendre le sceptre héréditaire dans sa famille. La plupart de ses Chevaliers l'imiterent, & transmirent à leur postérité, à titre d'héritage, les Commanderies, dont ils n'étoient auparavant que les dépositaires.

En Suede & en Danemarck.

La faction qui avoit appellé de Danemarck en Suede le farouche Christiern II, avoit les Evêques à sa tête ; c'en fut assez pour venger sur leur Religion les cruautés du tyran. Gustave sut habilement profiter de la disposition des peuples, encore frémissants du massacre de tout le Sénat & des principaux Seigneurs, fait à

Stockolm par ordre de Christiern. Il publia que cette barbarie étoit l'ouvrage des Evêques, & rendit odieuse leur Religion. Pour s'affermir sur le Trône de Suede, il y multiplia les Luthériens, & s'en fit un rempart contre le parti qui lui étoit contraire. La même politique engagea Christiern III, fils de Frédéric, Duc de Holstein, qui avoit ravi le sceptre de Danemarck au cruel Christiern II, à s'appuyer de la nouvelle Religion contre la puissance des Evêques Danois, toujours attachés à leur ancien Roi.

En Suisse.

Les Suisses furent peut-être les seuls qui s'armerent, par un vrai zele dépouillé de tout motif humain; aussi leurs divisions ne durerent-elles pas long-temps, quelques batailles les terminerent. La doctrine catholique & celle de Zuingle eurent leurs bornes assignées; & les efforts qu'elles ont fait réciproquement dans la suite pour les passer, ont toujours été réprimés sans guerres civiles.

En Angleterre & en Ecosse.

On ne peut se tromper sur les motifs qui déterminerent Henri VIII à changer la Religion de ses Etats.

L'amour & le dépit lui tinrent lieu de conviction. L'appas des richesses de l'Eglise, distribuées aux Seigneurs, les rendit dociles aux volontés du Monarque, & on gagna le peuple, en lui persuadant qu'on ne vouloit que l'affranchir de la tyrannie des Papes, & en lui répétant sans cesse le mot de *Liberté*, si flatteur pour la Nation Angloise.

La révolution fut plus lente en Ecosse, parce que les révoltés n'embrasserent les nouvelles opinions qu'à mesure qu'ils avoient besoin d'adopter des sentiments conformes à ceux des Anglois leurs protecteurs.

Dans les Pays-bas.

Ce ne fut de même qu'à l'aide du mécontentement des peuples, déja aigris par les hauteurs des Ministres de Charles-Quint & de Philippe II, que la Religion prétendue réformée se répandit dans la Flandre. Peut-être cependant n'y auroit-elle pas subjugué tant de provinces, si la crainte de l'inquisition, qui faisoit trembler le Catholique comme le Protestant, n'eût révolté les esprits & aliéné les cœurs. Les exécutions sanglantes du Duc d'Albe consommerent la rebellion. Bientôt on confondit la cause de la foi avec celle de ses impitoyables défenseurs : ceux-ci étoient abhorrés, celle-là devint odieuse, & les Flamands se hâterent de chasser du milieu d'eux une Religion qui sembloit les dévouer à la servitude & à la mort.

Toutes les différentes causes qui ont concouru en tant de lieux à l'extinction de la foi catholique, & à l'établissement des sectes contraires, se sont réunies en France pour extirper, s'il eût été possible, l'ancienne Religion, & faire fleurir le Calvinisme à sa place. A peine Luther eut-il fait connoître sa doctrine, que l'amour de la nouveauté lui attacha des partisans dans le Royaume. Calvin n'eut point de peine ensuite à s'insinuer dans des esprits déja prévenus, & à supplanter même bientôt les autres réformateurs, par l'attrait d'un dogme moins chargé de mysteres, & dégagé de plusieurs rites, qu'il eut l'adresse de faire envisager comme inutiles & onéreux. Pendant long-temps son troupeau foible, exposé à la sévérité des Edits & aux

En France.

recherches rigoureuses des Magistrats, ne se conserva que par le silence & la dissimulation. Insensiblement cependant les Calvinistes se multiplierent, & formerent une secte nombreuse; mais elle n'auroit jamais été redoutable, sans les intérêts particuliers qui lui donnerent du crédit sous deux minorités tumultueuses; & ces intérêts, plus que le zele des deux Religions, enfanterent tous les troubles.

Commencement des nouvelles opinions en France.

Ce fut en 1519, deux ans après les sermons de Luther, que ses dogmes commencerent à se répandre en France. Cette année même quelques esprits inquiets hasarderent, sur les indulgences, des propositions que la Faculté de Théologie de Paris condamna. En 1521 parut la fameuse censure de la Sorbonne contre Luther lui-même, qui ayant d'abord pris ce Corps respectable pour arbitre de ses différents avec la Cour de Rome, se répandit ensuite en injures contre les Juges, que ses fades éloges n'avoient pu corrompre.

L'éclat de cette censure, comme il arrive d'ordinaire, réveilla l'attention publique sur des opinions qu'on auroit peut-être oubliées, ou du moins négligées : plusieurs se laisserent séduire à l'appas qu'elles présentoient. Dès 1523 elles avoient des défenseurs dans le Clergé, dans la Noblesse, & jusques dans le Peuple. La Faculté ne fut occupée, les années qui suivirent, qu'à réprimer par ses censures les Prédicateurs & les Auteurs, qui tantôt, sous des propositions équivoques & obscures, insinuoient des sens faux & dangereux; tantôt plus hardis, présentoient ouvertement le venin de l'héréسie.

Le Parlement, par ses Arrêts, seconda puissamment le zele des Docteurs; & en 1528, les Evêques rompirent le silence, que la crainte d'aigrir les esprits leur avoit fait garder. Alors le Cardinal Duprat, Chancelier de France & Archevêque de Sens, & François de Tournon, Archevêque de Bourges, depuis Cardinal, chacun à la tête du Concile de leur Province, lancerent des anathêmes. L'année suivante les bûchers s'allumerent en

France, & Louis Berquin, Gentilhomme du pays d'Artois, plusieurs fois averti & épargné, fut brûlé dans la place de Greve.

Elles sont protégées par la Reine de Navarre.

Cette terrible exécution alarma les Sectaires, mais sans les décourager; ils n'en travaillerent que plus vivement à gagner Marguerite d'Orléans, Reine de Navarre, la plus sûre protection qu'ils pussent avoir auprès de François I: elle étoit sœur de ce Prince, qui l'avoit toujours tendrement aimée, & qui la chérissoit encore davantage depuis les services essentiels qu'elle lui avoit rendu pendaut sa prison en Espagne. "*C'etoit*, „ dit Brantôme, *une Princesse de très-* „ *grand esprit, tant de son naturel que* „ *de son acquisitif*, douce, d'un génie délicat, susceptible des impressions flatteuses que font toujours les sciences sur ceux à qui la nature a accordé l'heureux don de les goûter; " Marguerite, *dit le Laboureur*, partagea „ avec le Monarque son frere l'empire des Savants, par l'affection „ qu'elle leur témoigna; mais il arriva par malheur que la plupart „ des gens d'esprit qui avoient accès

*Brantôme, Vie de Marguerite.*

*Le Laboureur, sur Castelnau, t. I. p. 706 & suiv.*

„ auprès d'elle, & qui n'avoient guere
„ de religion, avoient choisi la plus
„ libertine & la plus commode; si
„ bien que la mode étant venue de
„ traiter les matieres de la foi dans
„ les cercles & dans les ruelles, ce
„ venin se glissa insensiblement dans
„ les cœurs. On commença à mépri-
„ ser les traditions de l'Eglise; on
„ parla sans charité de l'ignorance &
„ de la mauvaise vie de quelques
„ Ecclésiastiques; & le mot de *réfor-*
„ *mation* sembla si doux, & le parti
„ si glorieux pour être celui des doc-
„ tes, qu'elle tint à honneur d'être
„ de leur cabale. Peut-être, *ajoute le*
„ *Laboureur*, fut-elle principalement
„ portée par l'intérêt qu'elle avoit de
„ contredire le Pape, selon le monde,
„ quand elle fut Reine de Navarre,
„ en haine de l'interdit qui priva le
„ pere de son mari de sa couronne,
„ & qui fut le plus puissant motif qui
„ retint la Maison de Navarre dans
„ le parti de l'hérésie „.

Marguerite, sans embrasser d'abord ouvertement les nouvelles opinions, se contenta long-temps de protéger les Savants de ce parti, & de les mettre dans ses Etats à l'abri de la mort cruelle qui les poursuivoit en France ; mais insensiblement elle prêta l'oreille à leurs discours, & son changement fut si public, que le Connétable Anne de Montmorenci, discourant un jour avec François I des moyens d'extirper l'héréfie, *ne fit ni difficulté ni scrupule de lui dire*, au rapport de Brantôme, *que s'il vouloit bien exterminer les héréfies de son Royaume, il falloit commencer à sa Cour & à ses plus proches, lui nommant la Reine sa sœur ; à quoi le Roi répondit : ne parlons point de celle-là, elle m'aime trop, elle ne croira jamais que ce que je croirai, & ne prendra de Religion qui préjudicie à mon Etat.* Cependant François I lui manda de venir se justifier, & la reçut assez mal ; mais elle eut bientôt repris l'ascendant que ses graces naturelles & le penchant de son frere lui donnoient ; & peut-être l'auroit-elle adouci en faveur des Luthériens, si quelques-uns d'entr'eux n'eussent eu la témérité, en 1534, d'afficher des placards pleins de blasphêmes contre les dogmes les plus chers aux Catholiques. Outré de cette audace, François I signala sa colere par les châtiments les plus capables d'inspirer la terreur. Depuis ce temps, Marguerite dissimula, dans la crainte d'essuyer une disgrace éclatante ; & elle revint enfin, quoique tard, à la Religion de ses peres, dans laquelle elle mourut.

Le Calvinisme s'établit.

Bossuet, Variat. t. I.

Cette Princesse, & la plupart de ceux qui, comme elle, se laisserent aller à une liberté effrénée de penser, n'avoient pas encore de plan fixe de Religion ; ils ajoutoient & rejetoient plus ou moins de dogmes, selon qu'ils y étoient excités par leurs Docteurs, peu d'accord entre eux sur les articles contestés. Cependant Calvin avoit déja paru, mais comme un particulier, entouré d'amis plutôt que de sectateurs, & sans caractere qui le distinguât de plusieurs autres Savants du parti. Son nom n'acquit une célébrité de préférence qu'en 1536, lorsqu'il donna au public son *Institution Chrétienne*, qu'il eut l'audace de dédier à François I.

On y vit un systême développé qui fixa les incertitudes, & réunit presque tous les esprits dans un cercle, dont ce corps de doctrine fut comme le centre. Les Ministres, ainsi attachés à un même point de créance, trouverent plus de facilité à faire goûter leurs opinions. Le châtiment des Pasteurs ne dispersoit plus le troupeau comme auparavant, parce que la place étoit aussi-tôt occupée par d'autres, qui, imbus des mêmes maximes, ne faisoient que marcher sur les traces de leurs prédécesseurs.

De leur côté, les Catholiques attaqués plus réguliérement, imaginerent un plan de défense capable de rendre inutiles les ruses & les efforts de leurs adversaires. La Faculté de Théologie donna des articles qui devinrent comme la regle de la foi, & un fil sûr au milieu des routes tortueuses où les Calvinistes cherchoient à embarrasser les simples. Ces mesures, toutes sages qu'elles étoient, & les supplices non interrompus, n'arrêterent cependant pas les progrès de la séduction: les novateurs continuerent à se multiplier, quoique le glaive de la justice fût toujours suspendu sur leurs têtes; enfin, en 1545, François I donna permission d'employer contre eux le secours des armes.

Elle fut accordée à la sollicitation du Baron d'Oppede, premier Président du Parlement d'Aix, homme violent & sanguinaire, qui fit revivre, contre les Vaudois rassemblés dans les vallées des Alpes, du côté de la Provence, un Arrêt de ce Parlement, rendu cinq ans auparavant. " Tout „ étoit horrible & cruel dans la sen„ tence qui fut prononcée contre eux, „ *dit l'Historien de Thou*, & tout fut „ plus horrible & plus cruel encore „ dans l'exécution. Vingt-deux bourgs „ ou villages furent brûlés ou sacca„ gés avec une inhumanité dont l'his„ toire des peuples les plus barbares „ présente à peine des exemples. Les „ malheureux habitants, surpris pen„ dant la nuit, & poursuivis de ro„ chers en rochers, à la lueur des feux „ qui consumoient leurs maisons, „ n'évitoient souvent une embûche „ que pour tomber dans une autre: „ les cris pitoyables des vieillards, „ des femmes & des enfants, loin „ d'amollir le cœur des soldats for„ cenés de rage, comme leurs chefs, „ ne faisoient que les mettre sur la „ trace des fugitifs, & marquer les

On emploie les armes contre les novateurs.

De Thou, tom. I.

„ endroits où ils devoient porter leur
„ fureur „.

La reddition volontaire n'exemptoit ni les hommes du supplice, ni les femmes des excès de brutalité qui font rougir la nature: il étoit défendu, sous peine de mort, de leur accorder aucune retraite. A *Cabrieres*, une des villes principales de ce canton, on égorgea plus de sept cents hommes de sang froid, & toutes les femmes restées dans les maisons, furent renfermées dans un grenier plein de paille auquel on mit le feu: celles qui tentoient de s'échapper par les fenêtres, étoient repoussées à coups de crocs & de piques; enfin, selon la teneur de la sentence, les maisons furent rasées, les bois coupés, les arbres des jardins arrachés, & en peu de temps ce pays si fertile & si peuplé, devint désert & inculte. Les Historiens conviennent qu'on excéda en cette occasion les ordres de François I, & plusieurs ajoutent que ce Prince, en mourant, chargea son fils de faire une févere punition des coupables.

**Mauvais effets des violences.**

Au lieu d'affoiblir la nouvelle Religion, ces violences, détestées de tous les honnêtes gens, semblerent lui donner une nouvelle vigueur : la constance que ses prétendus martyrs montroient sur l'échafaud & au milieu des flammes, insinuoit leurs sentiments dans les cœurs par la compassion. Jusqu'alors les Calvinistes n'avoient osé s'assembler que pendant la nuit, dans des lieux écartés ; & dès l'année du massacre des Vaudois, ils commencerent à braver publiquement la rigueur des loix & les recherches des Magistrats. On vit une Eglise prétendue réformée éclore au milieu de Paris ; bientôt cet exemple devint contagieux, & s'étendit aux principales villes du Royaume.

La sévérité de Henri II, aussi inexorable que François I son pere, ne les effraya pas : en vain crut-il les intimider en assistant lui-même à leurs supplices ; en vain donna-t-il contre eux les Edits les plus sanglants ; ni ses menaces, ni les bûchers rallumés avec plus de fureur à Paris, à Lyon, à Angers, à Blois, à Bordeaux, & dans presque toutes les villes, ne purent les empêcher de continuer leurs assemblées : en 1557 il s'en fit une dans la capitale qui excita une émotion populaire, & qui donna lieu de reconnoître combien le Calvinisme étoit déja répandu, même entre les personnes de la premiere qualité.

Le Calvinisme prend racine à la Cour.

*Le Labour. t. I. p. 375.*

On s'en apperçut encore mieux l'année suivante, par la hardiesse de François de Coligny, Seigneur d'Andelot, Colonel de l'infanterie Françoise : il s'étoit acquis à l'armée une réputation de courage & de fermeté qu'il ne démentit point dans une de ces occasions où les plus braves chancellent quelquefois en présence du Prince, arbitre de leur fortune & de leur vie. Henri II le fit un jour appeller pour exposer ses sentiments, qu'on lui avoit rendu suspects à juste titre : d'Andelot parut sans se déconcerter ; & quoiqu'averti de mesurer ses termes : " Sire, *dit-il*, en matiere „ de religion, je ne puis user de dé„ guisement ni tromper Dieu : dispo„ sez à votre gré de ma vie, de mes „ biens & de mes charges ; mais mon „ ame, indépendante de tout autre „ Souverain, n'est soumise qu'au „ Créateur de qui je l'ai reçue, & à „ qui seul je crois devoir obéir dans

„ les circonſtances préſentes, comme „ au Maître le plus puiſſant ; *en un* „ *mot, j'aime mieux mourir que d'aller* „ *à la Meſſe.*

A cette fiere proteſtation, Henri ne put retenir ſa colere ; peu s'en fallut que d'Andelot ne payât de ſa vie la témérité de ſa réponſe : le Roi le chaſſa de ſa préſence & le fit arrêter ; cependant comme cette diſgrace ne s'étendit point à d'autres qui en méritoient autant, elle fut bientôt oubliée : les Calviniſtes eurent même l'art d'augmenter leurs proſélytes par une nouveauté qui réuſſit. Le Préaux-Clercs, ſitué où eſt actuellement une partie du fauxbourg St. Germain, étoit alors la promenade la plus fréquentée de Paris : ſous prétexte d'aller prendre l'air le ſoir dans les beaux jours d'été, les Réformés s'y aſſembloient, & y chantoient les pſeaumes de Marot : en peu de temps il y eut un concours prodigieux ; on abandonnoit les jeux & les danſes pour ſe mêler à leurs chants : du peuple, le goût de ce ſpectacle paſſa juſqu'aux grands ; la jeuneſſe de la Cour s'y rendit en foule, peut-être attirée par la licence qui accompagne ordinairement ces assemblées nocturnes. On y vit Antoine de Bourbon, Roi de Navarre, & Jeanne d'Albret son épouse, plus fidelle aux erreurs de Marguerite sa mere, que portée à imiter son repentir.

Cause de ses progrès.

Ainsi l'hérésie, quoiqu'attaquée sans ménagement, combattoit toujours, & faisoit même douter de la victoire. Si l'avantage du nombre étoit du côté des Catholiques, *celui des lettres*, dit le Laboureur, *étoit du côte des Religionnaires, qui, par cette raison, & par celle de la vie libertine & dissolue de plusieurs, & même des principaux du Clergé, firent glisser le poison de leur mauvaise doctrine, sous prétexte de reformation.* Chaque jour enfantoit des écrits qui se lisoient avec la plus grande avidité ; les nouveaux dogmes y paroissoient ornés de toutes les graces du style, & égayés par des railleries délicates, des allusions malignes, des anecdotes plaisantes, capables d'ôter tout crédit au zele même le plus épuré, en énervant sa force par le ridicule.

Le Labour. t. I, p. 275.

Outre le brillant de la science &

l'auſtérité des mœurs ; ſi propre à éblouir la multitude, les Calviniſtes ne manquoient pas de raiſons ſpécieuſes, qui, ſans rendre une cauſe meilleure, lui concilient ſouvent plus de partiſans que des preuves ordinairement obſcures pour le grand nombre. Ils faiſoient adroitement obſerver que les coups portés contre eux ne partoient que d'une Cour licencieuſe, qui ſans doute ne cherchoit à les détruire qu'à cauſe que leur exemple étoit une cenſure trop éclatante de ſes déſordres ; qu'il étoit impoſſible que l'eſprit de Dieu préſidât à des conſeils où on ſignoit en même temps des arrêts de mort contre les Calviniſtes de France, & des traités d'alliance avec les Proteſtants d'Allemagne. Nos principaux adverſaires, diſoient-ils, ne ſont que des courtiſans avides de confiſcations, ou des bénéficiers opulents qui appréhendent pour leurs richeſſes, ſi le peuple vient à ſe déſabuſer ; enfin ils ajoutoient que c'étoit uniquement dans la crainte des lumieres qu'ils pourroient répandre qu'on proſcrivoit leurs écrits, qu'on leur interdiſoit la chaire, &

qu'on étouffoit dans des tourbillons de flammes le cri perçant de la vérité.

*Le Labour. t. I. p. 556. Pasquier, tom. IV. lett. 3.*

Ces imputations ne restoient pas sans réponse ; mais le sérieux des apologies, au lieu de persuader, ne produisoit que le dégoût & l'ennui, pendant que la satyre réveilloit l'attention & fortifioit le préjugé. Le mal gagnoit tous les états ; la Cour, l'armée, les villes, les campagnes, les Tribunaux même, jusqu'alors inaccessibles à l'hérésie, commencerent à lui ouvrir des asyles. Malgré sa sévérité, Henri II se vit comme investi de Calvinistes ; il en frémit, & la crainte qu'il conçut de leurs progrès, l'engagea à faire avec l'Espagne une paix désavantageuse, en comparaison de celle que ses victoires lui permettoient de prescrire.

*Pasquier, liv. IV. lett. 3.*

Sévérité de Henri II.

Ramassant alors toute sa puissance, il parut déterminé à les écraser du poids de son autorité : dans ce dessein il vint au Parlement, dont quelques Conseillers favorisoient & professoient même ouvertement la nouvelle Religion. Cinq furent arrêtés, entre lesquels étoit le fameux Anne du Bourg, d'une maison illustre d'Auvergne, & neveu d'un Chancelier de France. Le Roi ordonna qu'on fît en diligence le procès aux prisonniers, sur-tout à du Bourg, *qu'il vouloit*, disoit-il, *voir brûler de ses propres yeux*.

L'indignation du Prince, marquée par un transport si violent, réduisit les prétendus Réformés à la plus triste situation : on en remplissoit les prisons; personne n'avoit la hardiesse de recevoir les fugitifs, de peur d'être enveloppé dans leur disgrace; à peine osoit-on leur témoigner quelque compassion : les délateurs étoient crus & récompensés. Amis, partisans, protecteurs, parents, tous se turent en présence du Monarque irrité. Les Ambassadeurs mêmes des Princes Protestants d'Allemagne, envoyés pour solliciter en leur faveur, furent obligés de repartir sans réponse; enfin, la ruine de la nouvelle Religion étoit jurée, & sous un Roi maître absolu dans son Royaume, en paix avec ses voisins, qui avoit sur pied des forces nombreuses, déterminé à effacer de ses Etats jusqu'aux noms des sectes qui lui étoient odieuses;

rien ne paroissoit pouvoir les sauver; lorsqu'un accident imprévu ranima leurs espérances.

Mort de Henri II.

Le 25 Juin 1559, Henri II courant dans un tournoi contre le Comte de Mongommery, Capitaine de la garde Ecossaise, fut blessé d'un éclat de lance qui lui entra dans l'œil droit: dès le premier appareil, la plaie fut jugée si dangereuse, qu'on désespéra de sa vie; il mourut en effet le 10 Juillet, laissant quatre fils en bas âge, une Régente jalouse de gouverner, & une Cour pleine de factions trop aigries & trop animées, pour ne pas saisir la premiere occasion de se heurter, au hasard de causer par leur choc le bouleversement du Royaume.

---

François II monte sur le Trône.

1559.

De Thou, liv XXIII.

Davila, liv. I.

François II n'avoit que seize ans quand il monta sur le Trône, le 10 Juillet 1559. Il étoit déja uni par les liens du mariage à Marie Stuart, Reine d'Ecosse. Ces jeunes époux, chargés de deux sceptres, & trop foibles pour les porter, les laisserent d'eux-mêmes tomber entre les mains de ceux qui eurent l'adresse de gagner leur confiance.

Pendant

FRANÇOIS II 1559.

Mesures du Connétable pour avoir part au Gouvernement.

Pendant onze jours qui s'écoulerent entre la blessure du Roi & sa mort, Anne de Montmorenci, Connétable de France, son Ministre & son favori, mit tout en œuvre pour conserver quelque part dans le Gouvernement. Il écrivit aux Princes du sang, les exhortant à venir prendre leur place dans le Conseil du Roi : ses instances s'adressoient sur-tout à Antoine de Bourbon, Roi de Navarre, le plus proche héritier du Trône après les freres du Roi. Il lui mandoit de se hâter ; que le moindre délai alloit donner à des étrangers une supériorité qu'on ne pourroit plus leur ravir ; enfin, il envoyoit courier sur courier, excitoit les uns, sollicitoit les autres, & ne négligeoit rien pour former un parti capable de tenir tête à celui des Princes Lorrains.

Mesures des Guises plus efficaces.

*Mém. de Tavan. pag.* 232.

Ceux-ci, connus sous le nom de Guises, prenoient des mesures bien plus efficaces. Oncles de la jeune Reine, par elle ils captivoient le Roi, & imprimoient dans son esprit toutes les manieres de penser nécessaires à la réussite de leurs projets.

Montmorenci, disoient-ils, étoit

FRANÇOIS II 1559.

un vieillard austere, d'un gouvernement dur, d'un caractere impérieux, qui ne seroit pas plutôt en autorité, qu'il banniroit les plaisirs de la Cour, n'y voudroit voir régner que ses volontés, & maîtriseroit le Roi lui-même. Quant aux Princes du sang, ils les représentoient au Roi comme des ambitieux, esprits remuants & dangereux, sur-tout les Bourbons, dont un des ancêtres, (le fameux Connétable) avoit autrefois fait la guerre à la France : aussi, ajoutoient les Guises, François I & Henri II ont toujours eu grand soin de les tenir loin de la Cour, sans autorité ; & c'est peut-être pour se venger de cette disgrace, qu'ils desirent aujourd'hui d'être appellés au gouvernement de l'Etat. Par ces discours & autres semblables, auxquels les graces touchantes de la jeune Reine prêtoient une nouvelle force, les Lorrains captivoient le jeune Monarque, & éloignoient leurs rivaux.

Il n'y avoit plus que Catherine de Médicis, mere du Roi, capable de balancer leur crédit ; mais ils trouverent moyen de la gagner, en

FRANÇOIS II
1559.

abandonnant à ſa colere les perſonnes qui lui déplaiſoient, entr'autres Diane de Poitiers, maîtreſſe de Henri II. Tant qu'elle diſpoſa des graces, les Guiſes s'attacherent à elle : un d'entr'eux épouſa même une des filles de la favorite, & toute la famille ſe reſſentit de ſes bienfaits ; mais ſi-tôt qu'elle ceſſa de leur être utile, ces ambitieux la ſacrifierent, & avec elle ceux que proſcrivit Catherine : euſſent-ils été juſqu'alors leurs meilleurs amis, tous furent exilés de la Cour, & ne racheterent une partie de leurs biens qu'en ſacrifiant l'autre. Au contraire, les perſonnes favoriſées de la Reine mere revinrent en triomphe, fêtées & careſſées par les Guiſes : à la complaiſance ils joignirent l'artifice ; il n'y eut ſorte de mauvais rapports qu'ils ne fiſſent, de diſcours malins qu'on ne rappellât, d'anciens mécontentements qu'on ne réveillât, pour indiſpoſer Catherine contre le Connétable & ſes partiſans.

Les Guiſes ſont déclarés ſeuls Miniſtres.

Un plein ſuccès couronna des meſures ſi bien concertées. Quand les députés du Parlement vinrent ſaluer le Roi après la mort de ſon pere, il

FRANÇOIS II. 1559.

leur dit qu'il avoit choisi le Cardinal de Lorraine & le Duc de Guise, ses oncles, pour gouverner son Etat, & que désormais on s'adressât à eux. Aussi-tôt le Duc s'empara du commandement des troupes, & le Cardinal de l'administration des finances. Nul ne se plaignit, personne ne murmura. Condé & la Roche-sur-Yon, Princes du sang, furent envoyés en Espagne; l'un, ratifier la paix, & l'autre, porter au Roi Philippe II le collier de St. Michel; & quoiqu'ils sentissent que cette commission n'étoit qu'un piege pour les éloigner de la Cour, ils partirent sans délai.

Le Connétable mal reçu à la Cour.

Le seul Connétable crut pouvoir renouveller des tentatives qu'il avoit déja faites auprès de la Reine mere, afin de l'engager à ne point laisser prendre tant d'autorité aux Guises: elle le reçut fort mal, & lui rappella avec indignation les marques de préférence que sous Henri II il avoit données à la maîtresse sur l'épouse. Le Roi lui conseilla froidement d'aller prendre du repos dans ses terres. Outré d'une disgrace si peu ménagée, le fier vieillard répondit avec une fermeté modeste, parla de ses services passés, offrit de nouveau à son Prince ses biens, sa vie propre & celle de ses enfants, & se retira dans son château de Chantilli.

Assemblée des mécontents à Vendôme.

Mais les embarras que Montmorenci avoit préparés aux Guises, ne tarderent pas à se former. Le Roi de Navarre, quoiqu'à petits pas, venoit à la Cour : autour de lui se rassembloient dans la route les Princes du sang & les chefs des grandes maisons, aussi mécontents les uns que les autres de la puissance souveraine des Lorrains. Ils se réunirent tous à Vendôme, où se tint une assemblée, dont le Connétable fut l'ame, par Dardois son Secretaire. On y traita avec une confiance & une sincérité rares entre courtisans : ceux qui avoient été autrefois brouillés se réconcilierent ; les mêmes passions à satisfaire rapprocherent les esprits, & l'on délibéra, comme entre amis, sur l'état présent des affaires.

Son motif.

Il se présentoit deux questions : Falloit-il ôter l'administration aux Guises ? quel moyen devoit-on prendre pour y réussir ? La premiere fut

FRANÇOIS II 1559.

décidée tout d'une voix. Envahir l'autorité au préjudice des Princes, des anciens Ministres, des grands Officiers de la Couronne, c'étoit, s'écria-t-on, une honte pour la nation qui le souffroit, & un crime de leze-majesté au premier chef dans les étrangers qui l'entreprenoient. Il fut donc conclu qu'il n'y avoit point à hésiter, & que les Guises devoient sans délai être éloignés des affaires.

Quant aux moyens de réussir, il s'en offroit deux; la violence & la négociation. La force ouverte, disoient les plus vifs, une rupture éclatante, des armes, des soldats, voilà les seules ressources qui nous restent dans une affaire aussi désespérée. Les Guises, s'ils n'y sont forcés, nous ouvriront-ils d'eux-mêmes un accès auprès du Roi pour le détromper? D'eux-mêmes se détermineront-ils à partager avec nous une puissance qu'ils possedent seuls? Commencer par les plaintes, c'est sonner la trompette avant l'assaut. Pressons, frappons, déconcertons l'ennemi, & assurons par notre promptitude une entreprise que le moindre retardement peut nous rendre funeste.

Non, repliquoient les plus modérés, ne précipitons rien ; vous ignorez ce que c'eſt en France que d'avoir à combattre contre le nom d'un Roi légitime. En vain publierons-nous que nous armons pour le délivrer de la captivité où le retiennent ſes oncles : qui nous croira, pendant que lui-même dira le contraire ? Il eſt majeur, & maître de choiſir ſes Miniſtres : nous allons être appellés traîtres, rebelles ; & quelles triſtes ſuites ne peuvent pas avoir ces odieuſes qualifications ? L'exil, la proſcription, la ruine de nos familles. Ne nous preſſons donc pas : marchons prudemment ; tâchons de mettre la Reine mere de notre côté, & tentons toute eſpece de négociations avant que d'en venir aux moyens extrêmes.

Ses réſolutions.

Ce dernier avis prévalut, & le Roi de Navarre partit pour la Cour, chargé de parler au Roi, de lui ouvrir les yeux ſur l'abus que ſes oncles faiſoient de ſa confiance, de gagner la Reine, de ſolliciter pour lui & les ſiens quelque part dans les affaires, des gouvernements, des penſions, & d'autres graces.

FRANÇOIS II 1559.

Elles sont découvertes.

*La Planche, page 41.*

Les Guises n'ignorerent pas ce qui se passoit à Vendôme ; on prétend même qu'ils avoient auprès du Roi de Navarre des espions pour éclairer ses démarches, & des pensionnaires pour lui en conseiller de mauvaises. Ainsi instruits, ils préparerent au négociateur une réception selon la connoissance qu'ils avoient de son caractere.

Caractere du Roi de Navarre.

*Mém. de Condé, t. I.*

*Le Labour. liv. I. page 886.*

*De Serres, liv. I. page 680.*

Antoine de Bourbon, chef d'une famille pauvre & décréditée sous les derniers regnes, par la révolte du fameux Connétable, ne pouvoit, quoiqu'homme de cœur & de courage, se dépouiller dans les affaires de cette timidité qui naît de l'infortune. Trop heureux d'avoir épousé Jeanne d'Albret, héritiere du Royaume de Navarre, dont l'alliance lui faisoit un sort tranquille, il jouissoit des douceurs de la vie, & n'appréhendoit rien tant que de voir troubler son repos. Une seule chose étoit capable de le faire renoncer à son indolence ; c'étoit l'envie de recouvrer la partie de son Royaume que l'Espagne lui retenoit injustement. Il aimoit à se flatter que la France lui procureroit quelque jour cette restitution ; desir qui le rendoit absolument dépendant de la Cour. *Il craignoit le cabinet*, & recherchoit comme une grace la faveur des Ministres : il redoutoit jusqu'à leur indifférence, étudioit leurs intrigues, non pour les diriger, mais pour n'en être pas la victime ; enfin, il flottoit sans cesse entre la crainte & l'espérance : de-là ces incertitudes & ces variations qui le rendirent perpétuellement l'instrument des passions des autres, & le jouet de leur politique.

FRANÇOIS II. 1559.

Le Labour.

Le plan que les Guises suivirent avec lui, fut de l'éblouir par l'éclat de leur faveur, de le dégoûter par des longueurs, de le rebuter par des affronts ouverts. En arrivant, quoiqu'annoncé, il ne trouva pas le Roi ; on l'avoit mené exprès à la chasse d'un côté opposé. Le plus bel appartement, destiné naturellement à un Roi, premier Prince du sang, étoit occupé par le Duc de Guise, qui ne voulut pas le céder, & qui accompagna son refus de bravades & de paroles insultantes. Il ne se présentoit à Bourbon que des visages froids ou

Les Guises l'intimident.

*De Serres, liv. I. page 680.*

François II
1559.

dédaigneux. Vouloit-il parler au Roi? on ne le lui montroit qu'entre ses deux oncles; & quelque proposition qu'il fît, le jeune Monarque le renvoyoit toujours à eux, disant qu'il étoit content de leurs services.

La Reine mere le décourage.

Mal reçu du Roi, Antoine se tourna du côté de la Reine mere; il eut plusieurs conférences avec elle: l'artificieuse Catherine entroit dans ses peines, plaignoit son sort; cependant, disoit-elle, ne vous pressez pas; le Roi est prévenu, il peut s'aigrir: à son âge, les premieres impressions sont terribles; & si elles vous étoient défavorables, que n'auriez-vous pas à craindre pour votre fortune? Patientez donc, & comptez sur mes services. Ainsi elle le renvoyoit plus timide & plus irrésolu.

De la Cour, le Roi de Navarre alla à Paris: on l'avoit flatté que sa vue pourroit émouvoir le peuple, & il trouva tout dans la plus grande tranquillité. C'en étoit trop pour ne lui pas faire perdre courage; cependant, comme il paroissoit encore hésiter à quitter la partie, les Guises firent jouer contre lui les dernieres machines.

Il renonce aux projets de Vendôme.

La Reine mere, soit mauvais conseils, soit timidité naturelle, avoit, dans les premiers jours de son veuvage, mendié le secours du Roi d'Espagne, qui alloit devenir son gendre. Ce Roi, ancien ennemi de la Couronne, & ennemi à peine réconcilié, flatté d'être recherché, répondit par une lettre pleine de bravades, qu'il prenoit le Royaume sous sa protection, & qu'il écraseroit du poids de sa puissance ceux qui seroient assez téméraires pour désobéir au Roi & troubler le ministere. On fit voir cette lettre au Roi de Navarre; c'étoit lui montrer une armée prête à fondre sur ses Etats, & à engloutir le reste de son Royaume: il ne tint pas contre ces appréhensions, & le premier prétexte qui se présenta de quitter la Cour sans déshonneur, il le saisit.

Il quitte la Cour.

On eut soin de le lui fournir, en lui proposant de conduire en Espagne Elisabeth de France, Princesse aimable, promise d'abord à Dom Carlos, fils de Philippe II, ensuite sacrifiée au pere. On flatta Antoine que ce seroit une occasion de négocier la restitution de son Royaume, & on

FRANÇOIS II 1559.

lui promit de l'appuyer. Le Roi d'Espagne qui étoit prévenu, écouta avec quelqu'apparence de bonne volonté les paroles que Bourbon lui porta directement par lettres : insensiblement il se rendit plus difficile ; enfin, le Roi de Navarre fatigué des longueurs, remit la négociation à des Ambassadeurs, & se retira dans sa Principauté de Béarn, bien déterminé à ne se plus mêler d'affaires.

Les Guises restent seuls maîtres.

Telle fut l'issue des projets concertés à Vendôme. Les Guises attaqués mollement, & si facilement vainqueurs, n'en furent que plus hardis à tout oser par la suite : dès-lors on vit régner dans le gouvernement un air de hauteur & d'empire, qui convenoit peu aux Ministres d'un Roi de seize ans.

Leur caractere.

*Brantôme, tome VIII, page 149.*

Mais c'étoit le ton du Cardinal de Lorraine, *qui avoit cela*, dit Brantôme, *qu'en sa prospérité il étoit fort insolent & aveuglé, ne regardant guere les personnes, & n'en faisoit cas.* Le Duc de Guise passoit pour être plus modéré ; cependant il montra toujours un caractere turbulent, qui a été remarqué même par un enfant :

*Il ne peut durer en patience qu'il ne fasse toujours du mal à quelqu'un*, disoit naïvement de lui Marguerite de Valois, alors très-jeune, à Henri II son pere; *il veut toujours être le maître*. Mais d'ailleurs les deux freres possédoient, chacun dans leur état, toutes les qualités qui pouvoient les rendre recommandables.

*Mém. de Marg. p. 10.*

Charles, Cardinal de Lorraine, étoit savant, ami des gens de lettres, éloquent, zélé pour l'honneur de l'Eglise, d'un maintien grave & imposant, mais de mœurs que la critique n'a pas épargnées. François de Lorraine, Duc de Guise, avoit une taille majestueuse; il étoit fier sans dédain, populaire sans bassesse; sa bonne mine & son adresse le distinguoient entre tous les courtisans: il fut Général à un âge où l'on est à peine soldat. La brave défense de Metz sous Henri II, contre toutes les forces de Charles V, le rendit cher à la France, qui crut lui devoir son salut. A ces vertus d'un héros, François joignoit les qualités d'un honnête homme, l'affabilité, la franchise, la générosité, & un attachement sincere

FRANÇOIS II 1559.

pour ses amis; mais aussi malheur à quiconque se déclaroit son ennemi; il le poursuivoit sans relâche: différent néanmoins en cela du Cardinal son frere, qui portoit la vengeance jusqu'aux dernieres extrêmités, au lieu que le Duc paroissoit n'ambitionner la victoire qu'afin de se procurer le plaisir de pardonner. Tous deux enfin n'épargnoient ni peines pour se faire des créatures, ni profusions pour les conserver.

Ils se font des ennemis.

Par une suite de leur caractere, autant que par politique, dans les commencements de leur administration, ils répandirent à pleines mains des bienfaits sur tous ceux qui pouvoient leur être utiles. Le cordon de St. Michel devint, par leur entremise, si commun, qu'on l'appella *le collier à toutes bêtes*. Pensions, dignités, bénéfices, rien ne leur coûtoit: mais ils ne tirerent pas toujours de ces graces les avantages qu'ils en espéroient; en gagnant les uns, ils mécontentoient les autres. Comme ils ne s'oublioient pas dans la distribution, on leur portoit envie. Le Duc de Guise révolta tout le monde contre son avidité, quand on le vit s'approprier la charge de Grand-Maître de la Maison du Roi, qu'il enleva au Connétable : on l'accusa aussi d'une partialité odieuse, pour avoir gratifié Brissac, son confident & son ami, du gouvernement de Picardie, ôté par ruse à l'Amiral de Coligny ; mais ce qui acheva d'aigrir les esprits, fut une inhumanité criante du Cardinal.

Ils abusent de l'autorité.

La Cour passoit l'arriere saison à Fontainebleau ; elle y étoit fort nombreuse, comme il arrive toujours dans un nouveau regne, & nombreuse surtout en personnes qui demandoient, ceux-ci leur solde, ceux-là des arrérages de pensions & des récompenses. Fatigué de ces importuns, le Cardinal fit planter auprès du château une potence, & publier à son de trompe une ordonnance à toutes personnes, de quelque condition qu'elles fussent, venues à la Cour pour solliciter, d'en sortir dans vingt-quatre heures, sous peine d'être pendues. Il est inutile de faire remarquer quelle indignation excita un pareil édit chez des François, accoutumés à se croire souvent payés de leurs services par le

FRANÇOIS II 1559.

seul regard du Prince. La foule s'écoula en frémissant de dépit, & chacun alla porter son mécontentement dans sa province.

Ils sévissent contre les prétendus Réformés.

*Journal de Brulart.*

*Mém. de Condé, t. I.*

On a vu que malgré les supplices employés par les deux derniers Rois, le Calvinisme s'étoit prodigieusement étendu dans le Royaume, & que Henri II, peu de temps avant sa mort, avoit fait arrêter cinq Conseillers au Parlement, plus que suspects des nouvelles opinions : de ce nombre étoit Anne du Bourg, Prêtre, d'une bonne maison d'Auvergne, & Conseiller-Clerc au Parlement, qui comptoit parmi ses ancêtres un Chancelier de France.

Le procès de ces prisonniers déja commencé, fut repris avec activité sous le nouveau ministere : il sembloit qu'on en voulût sur-tout à du Bourg, regardé comme le chef ; il employa pour se sauver tous les privileges que lui fournissoit son double état de Conseiller & de Clerc ; mais comme il persistoit dans ses sentiments, ces ressources lui furent inutiles, l'Officialité le condamna en Novembre 1559.

Supplice d'Anne du Bourg.

Du Bourg abandonné au Parlement, récusa le Président Minard, qu'il regardoit comme l'organe des Guises & sa partie. Celui-ci, quoique sommé, pressé, menacé même par l'accusé, continua de s'asseoir au nombre des Juges, parce que la récusation fut déclarée non valable; mais revenant du Palais le 12 Décembre, il fut assassiné dans la rue d'un coup de pistolet. Dix jours après, du Bourg, condamné à être pendu & brûlé, subit son supplice avec la plus grande fermeté.

Le plus coupable ayant été puni, les autres Conseillers furent traités avec indulgence, condamnés à quelques amendes, & relâchés ensuite. On sentit dès-lors d'où partoit le coup qui donna la mort au Président Minard, & les gens sages gémirent de voir en France un parti qui commençoit à employer la violence pour se soutenir.

Liaison des mécontents avec les Calvinistes.

De ce moment on s'accoutuma, dans les libelles qui coururent, à mêler la Religion aux affaires politiques. Entre les griefs contre le ministere, les mécontents ne manquerent

François II 1559.

pas de mettre l'intolérance des Guises, afin d'émouvoir les Calvinistes. Les Ecrivains des Guises, au contraire, ajouterent à leurs apologies l'éloge de leur zele contre les nouveautés, pour enflammer les Catholiques en leur faveur. De-là se forma des deux côtés l'habitude de confondre la cause avec les personnes. Le Catholique voyant les Guises attaqués, crut qu'ils ne l'étoient qu'en haine de la Religion; & par une suite du même préjugé, le Calviniste ne vit dans les mécontents que des hommes qui risquoient tout pour les sauver de la persécution.

Plaintes des prétendus Réformés.

De Laplace.

Ainsi appelloient-ils les efforts que faisoit la Cour pour abolir la Religion de Calvin. Ils se plaignoient qu'on avançoit contre eux les calomnies les plus atroces. On les avoit accusés dans quelques écrits de vouloir mettre le feu dans Paris, & forcer les prisons, afin d'exciter une révolte à l'aide des criminels qui y étoient renfermés. Il est visible, repliquoient les Calvinistes, qu'il n'y a que le parti pris de tout hasarder pour nous rendre odieux, qui puisse nous faire imputer des abominations dont la ſeule idée fait horreur : tout cela, ajoutoient-ils, eſt imaginé par des gens avides de nos dépouilles, qui cherchent à nous faire périr en allumant contre nous le faux zele de la populace. Il ſembloit en effet que le but du miniſtere fût d'encourager le peuple au fanatiſme : il permettoit aux Catholiques de s'aſſembler dans les rues, & de chanter des cantiques devant de petites images de la Vierge. On invitoit les paſſants à ces dévotions ; s'ils refuſoient d'y participer, on les maltraitoit, & quelques plaintes qu'il y eût, ces excès reſtoient impunis : néanmoins la partialité du miniſtere n'auroit peut-être eu aucune ſuite ſans les mécontents, intéreſſés à la faire valoir.

Les Châtillons les appuient.

*Vie de Coligny, p. 20.*

A leur tête étoit un homme que les difficultés animoient au lieu de l'abattre, eſprit roide, inflexible, incapable de revenir, quand il avoit une fois pris ſon parti. Tel fut l'aîné des Châtillons, plus connu ſous le nom de l'Amiral de Coligny. Il avoit été ami du Duc de Guiſe ; mais ſoit rivalité d'honneurs, ſoit diverſité d'intérêts, ils étoient devenus

FRANÇOIS II 1559.

ennemis, & furent toujours irréconciliables.

L'Amiral avoit deux freres bien en état de le seconder ; d'Andelot, Colonel de l'infanterie Françoise, & le Cardinal de Châtillon, Evêque de Beauvais. D'Andelot étoit un guerrier intrépide, moins sombre, moins taciturne que l'Amiral, mais aussi réservé : *De leur nature ils étoient si posés*, dit Brantôme, *que mal aisément se mouvoient-ils ; & à leur visage, jamais une subite & changeante contenance les eût accusés.* C'étoit d'Andelot qui avoit inspiré à l'Amiral le goût de la nouvelle Religion, & on ne doute pas qu'il n'y fût sincérement attaché. Le Cardinal étoit pénétrant, doux, insinuant, courtisan délié, excellent négociateur. La capacité des trois freres, leur bonne intelligence, leurs alliances, leurs charges, l'étendue de leurs correspondances, rendirent bientôt formidable à la Cour le parti qu'ils formerent dans l'Etat.

*Brantôme, tome VIII, p. 163.*

Assemblée de la Ferté. *De Thou, liv. XXIV.*

Il n'est pas aisé de démêler lesquels des Calvinistes ou des mécontents firent les premieres démarches pour s'unir ; c'eſt même une choſe aſſez vraiſemblable, qu'également maltraités par le miniſtere, ils prirent en même temps la réſolution de s'appuyer réciproquement. Ce qu'il y a de certain, c'eſt que cette union fut propoſée & conſommée dans une aſſemblée que le Prince de Condé, frere du Roi de Navarre, tint vers la fin de l'année à la Ferté, un de ſes châteaux, ſur la frontiere de Picardie.

FRANÇOIS II 1559. *Davila, liv. I. Matthieu, liv. IV. pag. 213.*

Jamais ce Prince ne ſe ſeroit jeté dans l'intrigue, ſi on l'avoit plus ménagé : ſon caractere ouvert & enjoué le rendoit peu propre aux méditations profondes de la politique, encore moins à l'auſtérité commandée par une Religion qui ne prêchoit que la réforme ; auſſi ne montra-t-il jamais un zele bien vif. *Il ſe convertit*, dit un Auteur non ſuſpect, *& ne quitta ni ſes goûts ni ſes maîtreſſes.* Avec quelques égards, de l'emploi, des penſions, comme il étoit fier, courageux & pauvre, on auroit pu le retenir ; mais les Guiſes, ou le mépriſerent ouvertement, ou affecterent de le rechercher pour le jouer & le brouiller avec ſes amis : on lui refuſa

Le Prince de Condé ſe joint aux mécontents.

*Le Labour. t. I. p. 512.*

*Vie de Coligny, l. III. p. 201.*

François II 1559.

gratifications & gouvernements ; il ouvrit donc l'oreille aux insinuations des mécontents, & se livra sans réserve à l'Amiral.

Ses restrictions.

De Serres, t. I. p. 681.

On prétend cependant qu'à son engagement il mit cette restriction : *Pourvu que rien ne se fît contre Dieu, le Roi, ses Freres, les Princes ou l'Etat.* Mais cette clause ajoutée, ou pour satisfaire sa délicatesse, ou pour le sauver en cas de mauvais succès, n'influa en rien sur les délibérations de l'assemblée. L'Amiral y fit voir, par des rôles sûrs, qu'il y avoit en France plus de deux millions de Réformés en état de porter les armes, & ce fut sur cette connoissance qu'on forma le plan de la singuliere entreprise, connue sous le nom de *conjuration d'Amboise.*

*Vie de Coligny*, ibid.

L'assemblée conclut à enlever le Roi.

Il s'agissoit d'enlever le Roi au milieu de ses deux Ministres, d'arrêter ceux-ci, & de faire leur procès : pour cela il falloit lever des troupes, leur donner des Capitaines, les mener sans éclat de toutes les parties de la France à Blois, où on savoit que le Roi passeroit le printemps, pour jouir d'un air plus salubre, nécessaire à sa foible santé. Comme le secret devoit être l'ame de l'entreprise, il importoit que le chef ne fût pas trop distingué, afin de ne point causer de soupçon ; qu'il eût néanmoins assez de relief pour donner du poids à son parti ; que les Calvinistes enfin crussent ne s'armer qu'en faveur de la Religion, & les mécontents seulement contre les Guises.

La Renaudie, chef apparent de l'entreprise.

On parvint à concilier ces différents intérêts, en nommant chef apparent de l'entreprise la Renaudie, d'une bonne maison du Périgord. C'étoit un homme de main & d'exécution, qui depuis long-temps faisoit épreuve de dangers & de ressources. Contraint de se cacher pour crime, & de chercher même un asyle hors du Royaume, il alla à Geneve & à Lausanne, y fit connoissance avec les François qui s'étoient expatriés à cause de la Religion, & par sa vie errante, il devint comme le lien des réfugiés & des regnicoles.

La confiance étoit donc établie, & les correspondances certaines ; il ne s'agissoit plus que de réunir les membres dispersés sous un chef déja connu,

FRANÇOIS II 1559.

qui passoit pour intelligent, sage autant qu'intrépide, & dans l'occasion brave jusqu'à la témérité. Les auteurs secrets du complot comptoient d'ailleurs sur son éloquence, & principalement sur cet enthousiasme qui, en l'entraînant lui-même, devoit par communication emporter tous les autres.

Mesures que prennent les chefs.

*Pasquier*, *liv. V*, *let.* 4, 5 & 6.
*Mém. de Tavannes*, *p.* 222.
D'*Aubigné*, *tome II*, *ch.* 16, *p.* 229.

Cependant ils ne se fondoient pas tellement sur l'empire d'un zele aveugle, qu'ils ne prissent des mesures de prudence pour déterminer les scrupuleux & enhardir les timides. On fit venir une consultation de Théologiens & de Jurisconsultes Allemands, qui décidoient que les sujets d'un Roi mineur, persécutés par ses Ministres pour la Religion, pouvoient légitimement se soulever contre eux, & les poursuivre à outrance. On donna de plus à la Renaudie un plan d'opérations, dans lequel tous les accidents étoient prévus, & le succès rendu infaillible : il lui fut aussi permis d'insinuer que le Prince de Condé se mettroit à la tête au moment de l'exécution ; enfin, soit vérité, soit mensonge politique, on débita que la Reine

Reine mere, & les plus grands du Royaume, approuvoient l'entreprise. La Renaudie écrivit aux Gentilshommes ses correspondants, de se rendre le premier Janvier à Nantes, où le Parlement de Bretagne tenoit alors ses séances, & où l'on devoit donner plusieurs fêtes à l'occasion de quelques mariages des premiers de la province ; circonstances propres à réunir sans soupçon une foule d'étrangers, sous l'apparence de plaideurs & de curieux.

1560.

La Renaudie assemble les conjurés à Nantes.

Ils se trouverent exactement au rendez-vous : la plupart ignoroient les motifs qui les rassembloient ; cependant aucun ne marqua ni surprise ni découragement, quand ils surent qu'il étoit question d'attaquer en pleine paix dans un Royaume sans troubles & sans factions ; de frapper, presqu'entre les bras du Roi, des Ministres revêtus de son autorité.

Son discours

La Renaudie fit un discours artificieux, dans lequel il remonta jusqu'à l'établissement des Princes Lorrains en France ; établissement qu'il prétendit ne s'être fondé que sur la ruine des familles les plus illustres ;

François II 1560.

il supposa aux Guises le dessein formé dès le commencement de renverser la constitution de l'Etat ; il les fit auteurs de la persécution des Calvinistes, de la disgrace des grands, de l'exil des Princes, de la ruine des peuples, & de tous les désordres commis en France depuis leur entrée dans le Royaume. A l'entendre, la vie du Roi étoit en danger entre leurs mains. Déja, disoit-il, ils répandent avec affectation le bruit que sa mauvaise constitution ne promet pas de longs jours, afin de faire arriver sa mort quand ils en auront besoin : alors se trouvant les maîtres, par l'éloignement des grands & des Princes du sang, ils éteindront le reste de la Famille Royale, qui ne consiste qu'en quelques enfants, & se placeront eux-mêmes sur le Trône.

Les conjurés se lient par serment.

" Pour moi, ajouta la Renaudie ,, avec véhémence, je jure, je pro- ,, teste, je prends Dieu à témoin que ,, je ne penserai, ne ferai, ne dirai ,, jamais rien contre le Roi, contre ,, la Reine sa mere, contre les Princes ,, ses freres, ni contre ceux de son ,, sang ; mais que je défendrai jusqu'au

„ dernier ſoupir la majeſté du Trône, „ l'autorité des loix & la liberté de „ la patrie, contre la tyrannie des „ étrangers „. Nous le jurons, s'écrierent tous les aſſiſtants : ils en firent le ferment, qu'ils ſignerent, & ſe toucherent dans la main en ſigne d'union ; ils s'embraſſerent enſuite, verſant des larmes d'attendriſſement, & chargeant d'imprécations les perfides qui ſeroient aſſez lâches pour trahir leur foi. On régla, avant de ſe ſéparer, la maniere de faire les levées, & on fixa le lieu & le jour de l'exécution, qui devoit être à Blois le 15 Mars : après cela chacun partit pour la province qui lui étoit aſſignée.



Sur quelques ſoupçons la Cour eſt transférée de Blois à Amboiſe.

De Laplace, *liv. II.*

Tout réuſſiſſoit à ſouhait : les Guiſes amenerent le Roi à Blois, où ils lui procuroient des amuſements, & vivoient dans une ſécurité profonde. Pendant ce temps les levées ſe faiſoient avec ſuccès à la maniere d'Allemagne, c'eſt-à-dire, que les ſoldats s'enrôloient ſans ſavoir pour quelle expédition, s'obligeant de marcher ſans délai à l'ordre du Capitaine qui les ſoudoyoit. Déja ceux des provinces

FRANÇOIS II 1560.

les plus éloignées étoient en mouvement; ils avançoient par pelottons, qui grossissoient à mesure qu'ils approchoient, & le centre du Royaume se remplissoit de troupes. Les Guises cependant ne soupçonnoient rien : ils recevoient bien quelques avis des pays étrangers; on leur mandoit de se tenir sur leurs gardes, qu'il y avoit un complot formé contr'eux; mais on ne leur donnoit ni lumieres ni détails : néanmoins, sur ces foibles indications, par précaution ils transférerent la Cour de Blois à Amboise. C'étoit une petite ville plus aisée à défendre contre un coup de main, & munie d'un château assez fort pour attendre du secours : ils se crurent alors en sûreté; & ces hommes si habiles alloient se laisser surprendre, si le chef de la conjuration lui-même ne se fût livré par excès de confiance.

La conjuration est découverte.

La Renaudie logeoit à Paris chez un Avocat nommé Avenelles, son ami : celui-ci voyant un grand concours de toutes sortes de gens qui se succédoient chez son hôte, eut quelques soupçons; il les communiqua à la Renaudie, qui lui avoua la conſpiration. Avenelles écoute avec un air d'intérêt, & paroît s'échauffer pour le ſuccès de l'entrepriſe ; mais roulant dans ſon eſprit l'importance de l'affaire, les difficultés & les périls, ſaiſi de crainte, il prend le parti d'aller tout révéler au Secretaire du Duc de Guiſe, qui étoit alors à Paris. Sans délai le Secretaire envoie Avenelles à Amboiſe ; on l'interroge, & les Guiſes voient avec le plus grand étonnement le précipice ouvert ſous leurs pas.

Précautions des Guiſes.

A la ſécurité ſuccedent la terreur & les alarmes. Les oncles du Roi ſentent alors que ce n'eſt plus contre quelques particuliers iſolés qu'ils ont à ſe défendre, comme ils le penſoient, mais contre un parti formidable, qui a des chefs, un conſeil & des ſoldats. Comme Avenelles, peu inſtruit lui-même des détails, ne pouvoit leur donner les lumieres néceſſaires, tout ce qui les environne leur devient ſuſpect ; ils ne ſavent ſi en donnant des ordres, ils ſe fient à des amis ou à des ennemis.

Il y avoit dans les priſons de Vincennes un nommé Robert Stuart,

FRANÇOIS II 1560.

esprit brouillon, de ces hommes entreprenants, qui se font gloire d'être de toutes les affaires hasardeuses: avec lui étoient renfermés plusieurs autres de même caractere. Les Guises soupçonnent que ces gens du fond de leurs cachots pouvoient bien avoir part au complot, & ils les font amener en poste, liés & garrottés, pour leur arracher la vérité par les tortures.

Le Conseil rencontra plus juste en conjecturant que les Châtillons devoient être mieux instruits. La Reine mere, à la priere des Ministres, les manda, sous prétexte de prendre leurs avis sur la conduite à tenir dans ces circonstances: peut-être espéra-t-on, en les gardant sous les yeux du Roi, empêcher qu'ils n'aidassent les conjurés; de leur côté les Châtillons vinrent volontiers, se flattant que leur présence ne pourroit être qu'avantageuse à l'exécution.

Ils veulent gagner les peuples par la douceur.

Introduit dans le cabinet de la Reine mere, l'Amiral parla vivement contre la mauvaise administration; il insista principalement sur le mécontentement des peuples, & s'appliqua à faire voir ce qu'il y avoit à craindre de l'esprit de discorde qui s'emparoit de toute la nation. Il plaida la cause des Réformés, & conclut à suspendre jusqu'à la décision du Concile, les peines capitales décernées contre eux. Les plus modérés du Conseil, du nombre desquels étoit le Chancelier Olivier, embrasserent le même avis, & on dressa un Edit en faveur des Calvinistes ; mais on excepta de l'amnistie les Prédicateurs, ceux qui sous prétexte de Religion avoient formé des complots contre le Roi, la Reine, ses Freres & ses Ministres ; ceux qui avoient arraché les coupables des mains de la justice, pillé les finances du Roi, & arrêté ses lettres & ses couriers. La déclaration fut publiée le 12 Mars.

Les conjurés avancent toujours.

Pour être venue un peu trop tard, elle ne remédia à rien : la Renaudie, sur le transport de la Cour de Blois à Amboise, avoit changé ses rendez-vous, assigné d'autres postes, & fixé l'exécution au 16 au lieu du 15. Le Prince de Condé ne désespérant pas non plus, vint à Amboise avec des gens de main, qui devoient être cachés tant dans la ville que dans le

François II 1560.

château, pour seconder à temps les tentatives du dehors. Le Duc de Guise, aussi fécond en ressources, voyoit le péril sans se déconcerter : il n'omit aucune des mesures qu'il pouvoit prendre dans l'incertitude où il se trouvoit ; il dépêcha aux Gouverneurs des provinces des ordres d'arrêter les gens armés qui prenoient le chemin d'Amboise : il envoya des Officiers lever des troupes, & écrivit à la noblesse la plus voisine de venir incessamment se ranger auprès du Roi. En même temps il écartoit ceux qui lui étoient suspects, en leur donnant des commandements au loin, & des commissions honorables. Des précautions si bien prises auroient néanmoins échoué par l'opiniâtreté des conjurés, si l'un d'eux n'eût livré le plan des opérations. Alors Guise n'agit plus en aveugle ; il sut de quel côté devoient venir les plus grands efforts ; il connut les embuscades, les lieux de ralliement, les stratagêmes, les ruses, & par conséquent les mesures qu'il falloit y opposer.

Le Roi marque quelque défiance de ses oncles.

Le jeune Roi voyoit ces mouvements, & ne savoit qu'en penser.

Quoiqu'il fût, pour ainſi dire, gardé à vue par ſes oncles, il paſſoit toujours quelques doutes juſqu'à lui ; & au beſoin, ſon bon ſens tout ſeul ſuffiſoit pour lui perſuader qu'un pareil ſoulevement ne pouvoit le regarder perſonnellement. *Qu'ai-je fait à mon peuple, qui m'en veut ainſi*, diſoit-il quelquefois au Duc & au Cardinal? *Je veux entendre ſes doléances & lui faire raiſon. Je ne ſais*, ajoutoit-il, *mais j'entends qu'on n'en veut qu'à vous. Je deſirerois que pour un temps vous fuſſiez hors d'ici, pour voir ſi c'eſt à vous ou à moi que l'on en veut.* Mais les Guiſes ſe garderent bien de riſquer cette épreuve ; au contraire, le Duc profita des troubles pour obtenir la dignité de Lieutenant Général du Royaume ; les lettres en furent expédiées le 17 Mars.

FRANÇOIS II. 1560.

De Serres, *tome I, pag.* 662.

Le Labour. *t. I, p.* 520.

*Mém. de Condé, t. I, p.* 357.

Dès le 16 les gens de la Renaudie parurent : ils ſuivirent, autant qu'ils purent, le plan projeté à Nantes. Selon ces arrangements, une troupe de Calviniſtes ſans armes, avec toutes les marques d'hommes de paix, & un air ſuppliant, devoit entrer dans la ville, ſous prétexte de préſenter une

Les conjurés ſe préſentent à Amboiſe.

François II 1560.

requête au Roi. Si on leur laissoit le passage libre, ils se flattoient, par leur grand nombre, de se rendre dans un moment maîtres des rues & des remparts. Sur le refus de les laisser entrer, un gros corps de cavalerie, dont ils auroient été soutenus, devoit accourir & s'emparer des portes, pendant que l'infanterie répandue autour de la ville pénétreroit par les breches des remparts & les jardins du château. En même temps les conjurés entrés dans Amboise depuis quelques jours à la suite des Châtillons & du Prince de Condé, tous gens d'exécution, avoient ordre d'aller droit aux Guises, de les arrêter, & en cas de résistance, de les tuer sur le champ. Le Prince de Condé se seroit mis ensuite à la tête des vainqueurs : maître du Roi, il auroit fait, sous le nom du Monarque, le procès aux Ministres & à leurs adhérents, & se seroit emparé du gouvernement.

Ils sont repoussés.

Instruit du plan d'attaque, le Duc de Guise dresse en conformité son plan de défense ; il change la garde du Roi, & fait murer les portes désignées. Ne voulant pas laisser oisifs le Prince de Condé, les Châtillons & leurs complices, qui auroient bien pu, pendant qu'il se défendoit de front, l'attaquer à dos, il les place dans les postes les plus exposés, & les entoure de surveillants, pour les empêcher de se joindre aux rebelles. Il fait sortir de la ville & du château des patrouilles fortes & nombreuses, qui enveloppent les petites troupes, tombent sur les détachements avant qu'ils soient formés, & les dispersent: tout ce qu'on fait de prisonniers dans la premiere chaleur, est pendu aux fenêtres & aux créneaux du château, afin d'intimider les autres.

La Renaudie est tué.

Mais peu effrayés du funeste sort de leurs complices, les conjurés avançoient toujours: une troupe n'étoit pas plutôt défaite, qu'une autre la remplaçoit; tantôt ils résistoient ouvertement, tantôt ils fuyoient & se cachoient pour attendre du renfort: la Renaudie parcouroit la campagne accompagné d'un seul homme; il pressoit les uns, retardoit les autres, pour tâcher de les réunir & d'en former des corps capables de défense. Dans cette occupation, il est environné

François II 1560.

par un parti de Royalistes; il se défend avec intrépidité, tue de sa main le premier qui a la hardiesse de l'approcher; mais il tombe lui-même frappé de loin d'une balle, & expire à l'heure même: son corps porté à Amboise, fut attaché à une potence avec cette inscription: *Chef des rebelles.*

Les efforts des conjurés crus épuisés, se renouvellent.

On crut par sa mort l'entreprise absolument déconcertée; en conséquence, pour finir promptement cette fâcheuse affaire, en facilitant une retraite aux conjurés, le Chancelier, malgré les Guises, fit passer un Edit, par lequel le Roi accordoit une entiere amnistie à ceux qui avoient pris les armes, plutôt, disoit-on, par simplicité que par malice, pourvu qu'ils les quittassent aussi-tôt, & qu'ils retournassent chez eux, sauf ensuite à présenter leur requête au Roi. Le plus grand nombre, rassuré par cet Edit, se mit tranquillement en route, chacun pour sa province.

Ils sont punis.

*Mém. de la Vielev. tom. IV, p. 204.*

Mais pendant que le plus grand nombre s'en retournoit en paix, un reste de conjurés croyant trouver la vigilance de la Cour en défaut, profita de l'obscurité de la nuit pour s'approcher d'Amboiſe & pénétrer dans la ville. Ils furent découverts & repouſſés. Cette derniere tentative mit les Guiſes en fureur ; ils firent révoquer l'amniſtie. Le Roi commanda les arrêts au Prince de Condé : des ordres furent expédiés aux Gouverneurs des villes, Commandants & Capitaines, de mettre leurs troupes en campagne, & de faire main baſſe ſur tout ce qu'ils rencontreroient. Ceux qui ſe retiroient paiſiblement ſous la ſauve-garde de l'Edit, ne furent pas exceptés ; on les arrêtoit ſur les routes, & on les traînoit en priſon : à la moindre réſiſtance, ils étoient impitoyablement maſſacrés, ſans qu'ils ſuſſent quel nouveau crime leur attiroit ce cruel traitement.

Quelques Officiers envoyés à la pourſuite, ne pouvant voir ſans pitié tant de braves ſoldats punis pour une entrepriſe dont ils avoient ignoré le but criminel, en laiſſerent échapper pluſieurs ; mais dans Amboiſe même il n'y eut point de grace ; tous ceux qui furent découverts périrent, les uns attachés à la potence, d'autres par le tranchant de l'épée ; le ſang

François II
1560.

ruisseloit dans les rues, & les bourreaux ne pouvoient suffire : sans forme de procès, sans jugement préalable, on les jetoit, pieds & mains liés, dans la Loire, qui fut plusieurs jours couverte de cadavres.

On fait le procès aux plus considérables.

*Mém. de la Viellev. tom. IV, p. 187.*

Le premier mouvement de fureur passé, on songea à donner une couleur de justice aux exécutions précédentes, en condamnant juridiquement quelques chefs des conjurés resserrés dans les prisons. Un des plus considérables fut Castelnau, Gentilhomme distingué par sa probité & par ses services : il s'étoit livré lui-même sur la foi du Duc de Nemours. Celui-ci ayant rencontré Castelnau à la tête d'un escadron de rebelles, avant que de le charger, éleva la voix & lui demanda, comme à un homme qu'il estimoit, pourquoi il le voyoit les armes à la main contre son Roi. " Notre dessein, répondit Castelnau, „ n'est pas de faire la guerre à notre „ Roi, mais de lui présenter nos très-„ humbles remontrances contre la „ tyrannie des Guises. *Est-ce ainsi*, „ reprit le Duc de Nemours, *que l'on* „ *doit aborder un Roi, & lui présenter*

„ *les vœux de son peuple? Si vous* „ *voulez poser les armes, je vous pro-* „ *mets sur ma foi de vous faire parler* „ *au Roi, & de vous ramener en* „ *sûreté* „. Nemours en fit serment & le signa : Castelnau le suivit ; mais il ne fut pas plutôt à Amboise, qu'on le mit dans les fers : en vain le Duc de Nemours se donna tous les mouvements possibles pour obtenir sa grace ; les Ministres lui répondirent constamment que mal-à-propos il avoit donné sa parole, & que le Roi n'étoit pas obligé de la garder à un rebelle : *Ce qui causa*, dit le Maréchal de la Vielleville, *un grand crevecœur & mécontentement au Duc de Nemours, qui ne se tourmentoit que pour sa signature ; car pour sa parole, il eût toujours donné un démenti à qui la lui eût voulu reprocher, sans nul excepter, tant étoit vaillant Prince & généreux.* Exemple remarquable d'un point d'honneur mal entendu, qui craint moins la faute que la preuve.

*Ibid.* 191.

Castelnau expira sur l'échafaud en martyr de sa Religion, & aux yeux des partisans de la cause, en héros de la patrie. Avec lui moururent

FRANÇOIS II 1560.

plusieurs de ſes complices, qui juſqu'à la fin proteſterent de l'innocence de leur intention, & demanderent à Dieu vengeance de la cruauté des Guiſes, ſeules cauſes de leur malheur.

Singuliere juſtification du Prince de Condé.

Le Prince de Condé violemment ſoupçonné, mais peu chargé par la Bigue, Secretaire de la Renaudie, & par d'autres conjurés qu'on avoit appliqués à une queſtion violente, demanda à ſe juſtifier. Le Roi lui donna audience devant toute la Cour, & les Ambaſſadeurs mandés à ce ſujet. Condé ſe plaignit amerement des ſoupçons élevés contre lui, & plaida ſa cauſe avec l'aſſurance d'un innocent calomnié ; il finit par cette proteſtation : *Si quelqu'un eſt aſſez hardi pour ſoutenir que j'ai tenté de révolter les François contre la perſonne ſacrée du Roi, & que je ſuis auteur de la conſpiration, renonçant au privilege de mon rang, je ſuis prêt à le démentir par un combat ſingulier. Et moi,* reprit le Duc de Guiſe, *je ne ſouffrirai pas qu'un ſi grand Prince ſoit noirci d'un pareil crime, & je vous ſupplie de me prendre pour ſecond.*

FRANÇOIS II
1560.

Opinion du temps sur la conspiration d'Amboise.

Ainsi finit, par une scene presque comique, un des plus tragiques événements que fournisse notre histoire. Dans la conjuration d'Amboise, si on en croit un Auteur contemporain, *il y eut plus de mal-contentement que de huguenoterie*. C'est en effet ce que protesterent les prétendus Réformés, dans les écrits qu'ils répandirent d'abord : ils affirment qu'ils n'ont pas pris les armes pour la Religion, mais simplement pour réprimer la tyrannie des Guises, & procurer l'assemblée des Etats, dans lesquels on auroit pu modérer les Edits portés contre les Calvinistes.

*Mém. de Condé, t. I, p. 347.*
*De Thou, liv. XXV.*
*Davila, liv. II.*

Au contraire, dans les écrits envoyés sous le nom du Roi aux Parlements, aux Gouverneurs des provinces & aux Princes étrangers, on lui fait dire que la conjuration étoit formée contre lui, contre la Reine sa mere & ses freres, pour changer la Religion, & établir en France une République semblable à celle des Suisses : chacun en jugea comme il étoit affecté. Le Connétable, chargé malignement par les Guises d'aller faire au Parlement le rapport de ce qui

François II 1560.

s'étoit passé, renferma en peu de mots ce qu'on pouvoit dire pour & contre. On lui avoit donné cette commission, afin de le prendre dans ses paroles, de le rendre odieux au Roi, s'il approuvoit les conjurés, & suspect à ses amis, s'il les condamnoit. Il rendit briévement compte du fait, & ajouta pour toute réflexion que les conjurés étoient en faute, parce que si un particulier ne peut souffrir qu'on fasse violence à ses amis dans sa maison, à plus forte raison le Roi avoit-il dû être irrité qu'on s'attroupât pour attaquer dans son château, sous ses yeux, ses Oncles & ses Ministres.

Grand nombre de personnes qui desiroient le succès de la conjuration.

Mais le Connétable n'appuya pas sur la bonne conduite des Guises comme ils le desiroient; & par son silence, il laissa croire qu'ils étoient en faute eux-mêmes d'avoir, par leur mauvaise administration & leur dureté, poussé des malheureux à de pareils excès. Plusieurs de ceux qui n'étoient pas de la conjuration, n'auroient pas été fâchés qu'elle réussît: ils ne se déclarerent pas, mais on lisoit ce desir dans leurs yeux, ce qui fit soupçonner de complicité bien des gens qui n'en avoient peut-être pas entendu parler.

FRANÇOIS II 1560.

Après l'amniſtie, le nombre des coupables ſe trouva beaucoup plus grand qu'on ne penſoit. *Je vis*, dit Brantôme, *des Huguenots qui diſoient: Or hier nous n'étions pas de la conjuration, & ne l'euſſions pas dit pour tout l'or du monde; mais aujourd'hui nous le diſons pour un écu, & que l'entrepriſe étoit bonne & ſainte.*

Brantôme, tome VIII.

Compaſſion générale pour les coupables.

Les criminels qu'on avoit retenus en priſon malgré l'amniſtie, trouvoient dans tous les cœurs plus de pitié que d'indignation : on prenoit à tâche dans les converſations de diminuer leur faute, ſi on ne pouvoit les juſtifier entiérement. Chacun s'empreſſoit à leur fournir les moyens de ſe ſauver : pluſieurs s'évaderent par la connivence des premiers de la Cour; & quelques-uns à peine en liberté, recommencerent à braver les Guiſes. Stuart, cet homme intriguant, amené de Vincennes à Amboiſe, comme nous l'avons dit, s'étant ſauvé après les autres, écrivit au Cardinal : *La fuite de vos priſonniers nous a cauſé une grande douleur, par le chagrin que*

François II 1560.

*nous savions qu'elle occasionneroit à votre Eminence. Nous nous sommes mis aussi-tôt à la suite des fuyards, & dès que nous les aurons pris, nous ne manquerons pas de vous les ramener bien accompagnes.* Le Prélat qui étoit timide, ne méprisa pas cette ironie. Dès ce moment les deux freres montrerent plus d'affabilité au commun des Calvinistes ; ils firent même donner un Edit, qui portoit abolition de tous les crimes commis sous prétexte de la Religion, pourvu toutefois que les coupables rentrassent dans le sein de l'Eglise.

Mort du Chancelier Olivier.

D'*Aubigné, tome II*, ch. 16. *Mém. de Tav. p.* 222. *Mém. de la Viellev. tom. IV, p.* 93.

La derniere victime que la mort frappa à Amboise, fut le Chancelier Olivier ; il fut soupçonné, comme bien d'autres, d'être de la conjuration : en effet, soit humanité, soit intérêt, il ne montroit pas pour la punition des coupables toute l'ardeur que les Princes Lorrains auroient desirée. Le Cardinal vint lui rendre visite un moment avant sa mort ; mais le Chancelier ne voulut pas le voir, & s'écria, en se tournant vers la muraille : *Ha ! mauldit Cardinal, tu te dampnes, & nous fais aussi tous dampner.*

FRANÇOIS II 1560.

L'Hôpital le remplace. *Mém. de la Viellev. tom. IV, p.* 184.

Olivier fut remplacé par Michel de l'Hôpital, qui avoit passé par tous les grades de la Magistrature; grand Poëte, mais Poëte grave & Philosophe, de mœurs austeres, ferme, courageux, & plus propre qu'aucun autre à garantir le Royaume, s'il eût été possible, des maux qui le menaçoient; il dut son élévation à la Reine mere, qui voulut, dit-on, s'appuyer de ses conseils contre la puissance des Guises. Depuis qu'ils se trouvoient bien affermis, ils dédaignoient de lui communiquer les affaires; elle cessa aussi d'avoir confiance en eux, & à cette époque commencerent les variations qu'on lui a tant reprochées, & auxquelles les Historiens donnent des causes si différentes.

Caractere de Catherine. *Brantôme.*

Catherine de Médicis ne doit pas être jugée sur les libelles, qui en font un monstre, ni sur les panégyriques, qui lui prodiguent toutes les vertus: elle eut de grandes qualités & de grands défauts. Comme Reine de France, appliquée à faire les honneurs de sa Cour, à la rendre brillante & magnifique, nulle ne l'égala, dit Brantôme, qui faisoit lui-même partie de cette Cour. Elle étoit belle, de riche taille, majestueuse & prévenante : sans cesse environnée d'un cortege nombreux des premieres Demoiselles de son Royaume, elle se divertissoit avec elles à la pêche, à la chasse, à la danse & aux ouvrages de soie, qui, avec la conversation, étoient l'amusement le plus commun des cercles.

Elle aimoit tous les arts & les protégeoit. L'Etranger comme le François étoit surpris, en arrivant à sa Cour, de se voir flatté, distingué par l'éloge des actions qui pouvoient relever sa famille ou sa personne. C'étoit elle qui se chargeoit de présenter aux Rois ses enfants, les Gentilshommes de son Royaume, & elle le faisoit avec cet air d'intérêt qui éloigne la timidité & attire la confiance : sa Cour en un mot étoit libre, gaie, folâtre même au milieu du sérieux des guerres & des sombres fureurs du fanatisme.

Mais souvent la liberté dégénéra en licence : Catherine ne veilloit pas d'assez près sur cette jeunesse vive & sensible, ou plutôt elle lui souffroit trop un goût de galanterie, dont on prétend qu'elle n'étoit pas éloignée elle-même : on l'accuse aussi de s'être servi des charmes de ses filles d'honneur, & d'avoir autorisé, du moins par une trop longue patience, leurs complaisances criminelles, pour enchaîner dans le repos les Princes & les Grands dont elle redoutoit le courage. Quoi qu'il en soit de cette imputation, il est du moins certain que c'est à son regne qu'a cessé l'austere bienséance de l'ancienne galanterie Françoise, chassée par la fureur de la parure & des ajustements : la pudeur en souffrit ; & comme toutes les vertus se tiennent, à la généreuse franchise de nos ancêtres succéderent la ruse & la finesse, qui, sous une Reine Italienne, s'accréditerent aux dépens de la bonne foi.

Comme mere des Rois, tutrice de ses enfants, & Régente du Royaume, le caractere de Catherine est encore un problême pour les esprits non prévenus : elle étoit plus circonspecte qu'entreprenante ; au défaut de la vigueur d'un chef, elle avoit toute l'astuce de son sexe & de son pays :

François II
1560.

elle ne fut ni méchante, pour le plaisir de l'être, ni bonne par principe ou par une pente naturelle; ses vertus & ses vices dépendirent toujours des moments & des circonstances.

Avant la conjuration d'Amboise, & long-temps depuis, la Reine mere, entraînée par la rapidité des événements, n'eut point de plan fixe de conduite. Aujourd'hui, favorable aux Religionnaires, elle recevoit leurs écrits & les lisoit avec les apparences du penchant & de l'approbation; demain, rendue aux Guises, elle se livroit à eux jusqu'à leur servir d'instrument pour tirer les secrets de leurs ennemis. Pendant tout le regne de François II son fils, ce fut le même caractere, foiblesse & variations.

Assemblée de Fontainebleau.

Négocier, aboucher les personnes, se proposer pour médiatrice & arbitre, faire de grandes assemblées, dont les préparatifs & les délibérations donnent du temps, c'étoit-là sa marche ordinaire. Ces sortes de convocations eurent toujours sous son administration les prétextes les plus plausibles. Tels furent ceux de l'assemblée de Fontainebleau; on devoit, dans

dans des conférences pacifiques, y rechercher de bonne foi la cause des troubles, prendre des mesures fixes pour réparer le passé, & procurer, s'il étoit possible, une tranquillité durable. Le Ministere y appella les Princes, les plus puissants Seigneurs, les Chevaliers de l'Ordre, & les principaux Magistrats : elle fut convoquée pour le 21 Août.

Mais dans cet intervalle, les Guises aigrirent de nouveau les esprits. Ne pouvant chagriner autrement les Montmorenci, ils acheterent un procès contr'eux : la sagesse du Parlement empêcha l'instance, & l'affaire s'assoupit ; mais les Montmorenci garderent profondément dans leur cœur le souvenir de cet affront.

Tant de hauteur, si peu de ménagement de la part de ceux qui avoient en main la puissance souveraine, donnerent lieu de tout appréhender. On regarda l'assemblée de Fontainebleau comme un piege : au lieu de s'y rendre, le Prince de Condé alla à Nérac se plaindre au Roi de Navarre son frere des mauvais traitements qu'on lui avoit fait essuyer à Amboise, &

François II
1560.

l'engager à se joindre à lui pour en tirer vengeance. Les Montmorencis & les Châtillons, n'osant résister ouvertement aux ordres du Roi, se présenterent à l'assemblée, mais comme à une conférence militaire, escortés d'une grosse troupe de cavalerie, & prêts à repousser la force par la force.

Comment. tom. I, p. 37.

Il n'en fut pas besoin : cette assemblée, qui devoit produire des événements si avantageux, se passa comme un spectacle de théatre : les rivaux entrerent à tour de rôle sur la scene ; ils réciterent de grands discours, firent parade des sentiments les plus épurés pour la Religion & l'Etat ; tout le mal, ils le rejeterent sur leurs adversaires, se contredirent, chercherent à s'épouvanter par l'ostentation réciproque des moyens de se nuire ; & après bien des débats, bien des discussions qui n'éclaircirent rien, ne remédierent à rien, on conclut qu'il seroit au plutôt assemblé un Concile national ; que l'on convoqueroit aussi les Etats du Royaume, & que jusqu'à ce temps les choses resteroient comme elles étoient.

FRANÇOIS II. 1560.

Projet des Guises & des mécontents.

*Mém. de Tavannes*, p. 133.

A juger du but de l'assemblée par ce qui la suivit, on croiroit que l'intention des Princes Lorrains fut de réunir sous ce prétexte les chefs des mécontents, de les arrêter, & d'en disposer ensuite comme leur plus grand avantage l'exigeroit. Ceux qui penchent pour ce sentiment, s'appuient sur les mesures que prirent les Guises après l'assemblée de Fontainebleau, pour se rendre maîtres de toutes les forces de l'Etat. Ils envoyerent des troupes dans les endroits suspects, changerent les Commandants, investirent d'espions & d'autres gens gagnés, le Roi de Navarre & le Prince de Condé; & quand vint le temps, ils n'épargnerent ni menaces, ni espérances, ni instances vives, pressantes, opiniâtres, pour attirer les Princes aux Etats; mais d'autres pensent que les Lorrains ne prirent un parti violent contre le Prince de Condé que quand ils le virent recommencer ses intrigues, quand ils surent que les troubles se renouvelloient par-tout, qu'on couroit déja aux armes dans la Provence, dans le Dauphiné & dans d'autres provinces;

François II 1560.

quand enfin ils furent certains qu'il y avoit un complot formé pour les chasser de la Cour & les perdre.

*De Laplace, liv. III.*

Ils crurent en voir le projet tout dressé dans des lettres qu'on surprit à un Gentilhomme Gascon, nommé la Sague, que le Prince de Condé avoit envoyé à l'assemblée de Fontainebleau, pour lui faire le rapport de ce qui s'y passeroit. Ces lettres ne contenoient rien d'essentiel en apparence; c'étoient de la part des Montmorencis des assurances d'attachement aux Bourbons. François de Vendôme, Vidame de Chartres, leur offroit aussi ses services, s'ils entreprenoient quelque chose pour le bien du Royaume; offres équivoques, qu'on ne pouvoit cependant taxer de crime : mais la Sague, menacé de la torture, parla; il avoua qu'il y avoit une nouvelle entreprise formée pour le temps des Etats fixés à Orléans; que le Roi de Navarre & le Prince de Condé devoient y venir bien armés, s'emparer en chemin de Poitiers & de Tours, faire en même temps soulever Paris, la Picardie, la Bretagne & la Provence; enfin exciter un cri général, qui demanderoit la disgrace des Guises ou leur mort.

La Sague toujours menacé, voulant racheter sa vie, avertit de tremper dans l'eau l'enveloppe des lettres du Vidame de Chartres : ce moyen ayant fait paroître des caracteres invisibles auparavant, on y lut de la main de Dardois, Secretaire du Connétable, que son maître étoit toujours déterminé à faire périr les Lorrains; qu'il espéroit y réussir malgré le Roi, par son crédit aux Etats, & qu'il ne falloit plus tergiverser, mais attaquer les Ministres à force ouverte.

On mit à la Bastille le Vidame de Chartres : ce Seigneur étoit aimable & galant ; il passoit pour avoir plu à la Reine mere, & n'avoir conçu une si violente aversion contre les Guises, que depuis qu'il crut le Duc mieux que lui auprès d'elle. Cependant elle l'abandonna dans cette extrêmité ; il fut traité fort durement dans la prison : les Guises le tinrent long-temps incertain de son sort, & il mourut de langueur, non sans soupçon de poison, au moment que par un retour

Mém. de Condé, t. I.

FRANÇOIS II 1560.

de fortune il alloit triompher de ses ennemis.

Embarras des Bourbons.

Castelnau, liv. II. De Laplace, liv. III.

C'étoit un zélé partisan enlevé aux Princes de Bourbon, qui se trouvoient alors dans un grand embarras. Les ordres réitérés du Roi ne leur permettoient pas de s'absenter des Etats, sans s'exposer à être poursuivis comme criminels. Le Prince de Condé qui n'avoit rien à perdre, consentoit à en courir les risques; mais le Roi de Navarre, qui d'ailleurs se sentoit la conscience assez nette, ne vouloit pas se mettre, par sa désobéissance, dans le cas d'être dépouillé de ses biens. On tint à ce sujet plusieurs conseils. La Duchesse de Montpensier, confidente de la Reine mere, avoit sous main fait passer un avis qui étoit goûté de plusieurs; c'étoit, en même temps que les Bourbons partiroient pour les Etats, de surprendre les enfants du Duc de Guise, & de les enfermer à Sedan, pour s'en servir d'otages: il y avoit encore l'expédient de ne se point hasarder tous les deux ensemble, & que Condé restât en sûreté, pendant que le Roi de Navarre iroit à Orléans. La Dame

FRANÇOIS II 1560.

de Roye, belle-mere du Prince, & Eléonore son épouse, pleines de frayeur, insistoient vivement sur ce dernier parti : on balança long-temps, on pesa les dangers & les ressources, mais enfin la mauvaise fortune du Prince l'emporta, & les Bourbons partirent pour Orléans, où les Etats devoient se tenir à la fin d'Octobre.

Etats d'Orléans.

Les Etats du Royaume, tels qu'aime à se les représenter tout François convaincu de la bonté de ses Rois, & du respectueux attachement des peuples, sont l'assemblée du pere & des enfants, qui traitent en commun des intérêts de la famille : le Prince y porte une ame attendrie sur le besoin des malheureux, des projets de bienfaisance, un esprit de conciliation & de justice, & un cœur disposé à se laisser émouvoir par les plaintes de l'opprimé. Les Ministres de la Religion, les Grands du Royaume, les Députés des provinces & des villes, organes sacrés de la République recommandée à leurs soins, présentent avec confiance les vœux de la patrie qui s'explique par leur bouche. La

François II 1560.

vérité approche du Trône sans être déguisée par la flatterie, ni rendue odieuse par le murmure; & la majesté du Souverain, au milieu des Sujets soumis & dociles, ne conserve que l'éclat qui attire la vénération, sans imprimer la terreur.

Mais il faut pour cela que le Roi n'ait pas contre son peuple des préjugés qui alterent sa tranquillité, comme en avoit François II. Ce Prince infortuné, depuis le moment qu'il étoit monté sur le Trône, n'avoit vu autour de lui que perfidie & trahisons : on lui remplissoit l'esprit d'idées funestes; & consumé par une maladie de langueur à l'âge de dix-huit ans, il voyoit, pour ainsi dire, creuser son tombeau au milieu des conjurations de ses proches, & des complots sanguinaires des Grands de son Royaume.

Le Roi arrive à Orléans.

La tristesse & la mélancolie, suites des inquiétudes de la Cour sur la santé du Roi, & sur les événements qui se préparoient, rendirent son entrée dans Orléans sombre & lugubre. L'appareil menaçant qui l'accompagnoit glaça tous les cœurs : la ville fut remplie de soldats ; on posa des corps de garde à toutes les portes, & des patrouilles réglées eurent ordre de parcourir les rues & les places publiques.

Les Bourbons s'y rendent.

C'étoit avec ces préparatifs qu'on attendoit les Princes de Bourbon : le Roi avoit envoyé au-devant d'eux le Cardinal de Bourbon leur frere, les assurer de sa part qu'il ne leur seroit fait aucun mal. Pour eux, d'un côté encouragés par cette parole, de l'autre effrayés par les nouvelles qu'ils recevoient en route, ils flottoient entre la crainte & l'espérance ; mais quand ils auroient voulu reculer, ils ne le pouvoient, parce que des compagnies de cavalerie, chargées de veiller sur leur conduite, les investissoient de loin : ils arriverent à Orléans le 30 Octobre.

Le Prince de Condé est arrêté.

*Castelnau, liv. II. ch. 11.*

Aussi-tôt ils se présentent chez le Roi ; dès l'entrée, tout leur annonce la colere du Souverain : les courtisans les évitent ; aucun ne leur fait cortege ; les Ministres les regardent d'un air froid ; le Roi prend un visage sévere, reproche au Prince de Condé en peu de mots les crimes dont on

FRANÇOIS II 1560.

l'accusoit, écoute à peine ses réponses, & le fait arrêter.

On lui fait son procès.

Tout étoit prêt pour appuyer ce premier éclat. Le Maréchal de Saint-André, envoyé à Lyon à l'occasion d'une révolte des Calvinistes, avoit rapporté des informations à la charge du Prince : beaucoup de témoins déposoient qu'il avoit fait prendre les armes en plusieurs endroits. Ses papiers étoient saisis, ses complices dans les fers ; il ne s'agissoit plus que de juger : on établit à cet effet un tribunal composé du Chancelier & de Commissaires tirés du Parlement de Paris : en vain le Prince réclama le droit d'être jugé par le Roi à la tête des Pairs du Royaume & du Parlement, toutes les Chambres assemblées ; il lui fut enjoint de répondre, faute de quoi il seroit déclaré atteint & convaincu du crime de leze-majesté. Il demanda un conseil ; cette grace, qu'on ne put lui refuser, tourna à sa perte : les moyens de défense qu'il fournit à ses Avocats, & qu'on lui fit malignement signer, furent employés, par ordre du Roi, comme une réponse judiciaire, & le tribunal eut ordre de statuer sur leur contenu.

FRANÇOIS II 1560.

On demande en vain sa grace.

*Le Labour. tom. I, pag. 512.*

*Mém de la Vielleu. tom. IV, p. 249.*

Quelque promptitude qu'on apportât à toutes ces formalités, elles prenoient néanmoins du temps, & reculoient la conclusion. Les parents & les amis du Prince profitoient de ce temps précieux pour tâcher de le sauver. Eléonore de Roye, son épouse, jeune Princesse, mere de plusieurs enfants, se jetoit, fondante en larmes, aux pieds du Roi, qui lui répondoit séchement : *Votre mari a voulu m'ôter ma Couronne & la vie.* On alloit aux Guises ; ils disoient : *Il faut d'un seul coup couper la tête à l'hérésie & à la rebellion.* Le Roi de Navarre fut jusqu'à s'humilier devant le Cardinal de Lorraine, qui le rebuta durement.

Le Roi de Navarre court risque de la vie.

*D'Aubigné, Cayet. La Planche.*

Mais pendant qu'il sollicitoit vivement pour son frere, il courut lui-même risque de la vie. Bourbon avoit été averti secrétement qu'il lui viendroit un ordre de se rendre promptement chez le Roi, & qu'il prît bien garde à ses paroles, parce qu'au moindre signe de mécontentement du Monarque, des gens apostés devoient se jeter sur lui & l'assassiner. L'ordre

FRANÇOIS II 1560.

vint ; le Roi de Navarre se le fit répéter jusqu'à trois fois avant que d'obéir : à la fin, ne pouvant plus s'en dispenser, *J'irai*, dit-il à un de ses confidents ; *je combattrai tant qu'il me restera un souffle de vie ; si je succombe, prenez ma chemise teinte de mon sang, portez-la à mon fils, & que la vie l'abandonne plutôt que le desir de la vengeance.* Il alla chez le Roi, écouta tranquillement, répondit avec modestie, & se retira sans aucun mal : en sortant, il put entendre l'un des Guises, qui outré de le voir échappé, s'écria avec indignation, en parlant du jeune Roi François II : *O le lâche ! O le poltron !*

Le Prince de Condé condamné à mort.

Le Labour. t. I, p. 512.

Cet attentat plein de noirceur fait frémir, sur-tout quand on songe qu'il fut conseillé à un Roi enfant, dont la santé chancelante s'affoiblissoit tous les jours, & que le saisissement inséparable d'une pareille exécution pouvoit précipiter dans le tombeau ; mais loin de ménager son état, les Guises ne songeoient qu'à en profiter pour consommer leur entreprise. Le Prince de Condé fut condamné à mort : quelques-uns des Commissaires avoient déja ſigné la ſentence, quand le bruit ſe répandit que le Roi, qui languiſſoit depuis un mois, étoit dans un extrême danger.

FRANÇOIS II 1560.

Mort de François II.

A cette nouvelle, les partiſans & les ennemis du Prince reſterent en ſuſpens : pour lui, déterminé à tout, il avoit toujours montré dans ſa priſon une tranquillité à l'épreuve de la crainte. Reſſerré, ſans aucune communication au dehors, entouré de ſurveillants mal intentionnés, réduit à ſe faire ſervir par des domeſtiques étrangers, au défaut des ſiens, qui lui furent refuſés, il ne perdit rien de ſa gaieté ordinaire : il écrivit à ſa femme, dont on lui avoit interdit la vue, des lettres pleines de conſolations ; il ne plia pas dans ſa diſgrace, à plus forte raiſon lorſque l'extrêmité du Roi lui donna quelques eſpérances. Sollicité dans cet inſtant de conſentir à quelqu'accommodement avec les Guiſes, il répondit : *Il n'y a meilleur moyen d'appointement qu'avec la pointe de la lance.* Diſpoſition funeſte, qu'il auroit payée de ſa vie, ſi François II n'eût été rapidement emporté. On convient

*Vie de Coligny, l. III.*

FRANÇOIS II 1560.

assez que sa maladie devoit le conduire au tombeau; mais sa mort arrivée si promptement & si à propos, a laissé des soupçons qui n'ont jamais été éclaircis. Il mourut le 5 Décembre, trop jeune & trop affoibli par ses infirmités, pour qu'on puisse lui imputer les malheurs de son regne.

Intrigues pour le gouvernement.

CEUX qui connoissent l'inquiete activité des ambitieux, imaginent aisément que le temps de la maladie de François II ne s'écoula pas sans intrigues pour le gouvernement. Il mourut au moment que des deux premiers Princes du sang, l'un étoit prisonnier, prêt à périr par la main du bourreau, comme criminel de leze-majesté, & que l'autre, soupçonné de complicité, trembloit pour sa propre vie: au moment que deux partis puissants se choquoient, l'un soutenu par une faction affoiblie, mais qui voyoit à sa tête les premiers de la nation; l'autre appuyé des Guises, simples Princes étrangers, mais qui avoient gagné presque tous les Députés des Etats généraux alors assemblés.

Le Trône alloit être occupé par un Roi de dix ans : il falloit une régence ; mais quelles mesures prendre pour l'établir sans troubles, & obtenir d'ennemis si envenimés, du moins une apparence de treve qui sauvât les premiers éclats, capables de bouleverser tout le Royaume ? C'étoient-là les réflexions qui agitoient la Reine mere, & la jetoient dans le découragement : elle fondoit en larmes au milieu de ses femmes, ne sachant à qui se fier, & ne voyant que périls de tous côtés.

De Thou, liv. XXVI. Davila, liv. II.

Dans cette perplexité elle appella le Chancelier de l'Hôpital, qui releva ses espérances par des conseils pleins de solidité : il lui fit sentir que mere du Roi, faite pour donner aux François, par sa conduite, l'exemple d'un entier dévouement au bien de l'Etat, il ne lui convenoit pas de servir d'instrument à la passion des partis ; qu'il falloit balancer l'un par l'autre, les commander, & non s'en rendre esclave. Au reste, ajoutoit-il, tous les deux ont intérêt que la régence vous soit confiée ; les Guises, dans la crainte que, malgré leur crédit, les

La Reine mere s'en saisit.

CHARLES IX 1560.

droits des Princes du ſang ne prévalent ; les Bourbons, dans l'appréhenſion que leur état d'accuſés ne forme contre leurs prétentions des préjugés dont les Guiſes ſe prévaudroient.

Ceux-ci, pendant l'agonie de François, preſſoient la Reine de faire exécuter la ſentence contre le Prince de Condé, & de détruire, pendant qu'elle en étoit encore maîtreſſe, la Maiſon de Bourbon, qui s'élevoit dans un eſprit de révolte contre ſes enfants, & qui peut-être un jour les chaſſeroit du Trône. Ils offroient, pour ſoutenir l'exécution, leurs perſonnes, leurs amis, la puiſſance des Etats dont ils étoient maîtres, & tous les Catholiques : de ſon côté, le Roi de Navarre promettoit égards, déférence, ſoumiſſion entiere, ſi la Reine vouloit ſuſpendre le coup qui menaçoit la tête de ſon frere, & peut-être la ſienne.

Elle en fait part au Roi de Navarre.

Catherine arrêta la fougue des Guiſes en promettant de les aider, ſi les Princes offenſés, gardant la mémoire des affronts qu'ils avoient eſſuyés ſous le dernier regne, vouloient se venger sous le nouveau, & en acceptant réciproquement leur secours contre les Bourbons, lorsqu'ils voudroient se rendre redoutables. Elle s'accommoda avec le Roi de Navarre, en lui faisant valoir les retardements qu'elle opposoit à la mauvaise volonté de ses ennemis, & en lui abandonnant quelque partie de l'autorité; de sorte que quand Charles IX monta sur le Trône, la Reine mere se trouva Régente, sans qu'on voie que les Etats généraux y aient contribué. Le Roi de Navarre fut déclaré Lieutenant général du Royaume: les Guises resterent à la Cour, ce qui étoit déja beaucoup, & ils y devinrent très-puissants, ce qu'on n'auroit jamais prévu; enfin, le Prince de Condé sortit de prison avec des distinctions honorables, & alla attendre dans les terres de son frere le temps convenu pour son entiere justification.

Retour du Connétable, & son caractere.

Les disgraciés revinrent, entr'autres le Connétable Anne de Montmorenci. Ce Seigneur fut fameux sous quatre regnes. Honoré de l'estime & de la confiance de François I, il la perdit par des intrigues de Cour, &

CHARLES IX 1560.

fut relégué dans ses terres. Henri II finit sa disgrace en montant sur le Trône, & le mit à la tête des affaires. Il fut maltraité sous François II, & ne reprit à la Cour, sous Charles IX, son rang & les fonctions de sa charge, que pour finir tragiquement une vie si traversée.

Brantôme, tome VII.

Anne avoit une fermeté à l'abri de ces vicissitudes de la fortune: chose rare dans un courtisan! Il regardoit la disgrace plutôt comme une suite nécessaire de la grandeur, que comme l'effet des mauvais offices, & il en témoignoit peu de ressentiment. Egalement indifférent sur le sort des armes, dont il eut souvent à se plaindre, il ne se décourageoit pas plus d'une défaite, qu'il ne s'énorgueillissoit d'une victoire. A cette égalité d'ame, qui rend supérieur aux événements, le Connétable joignoit un attachement inviolable à la Religion. Il faut voir, dans Brantôme, jusqu'où il portoit la fidélité à observer les pratiques qu'il s'étoit imposées.

*Le Connetable*, dit cet Ecrivain, *ne manquoit jamais à ses dévotions & à ses prieres, car tous les matins il ne failloit de dire & entretenir ses patinôtres par les champs, aux armées, parmi lesquelles on disoit qu'il falloit se garder des patinôtres de M. le Connétable ; car en les disant & en marmotant, lorsque les occasions se présentoient, comme force débordements & désordres y arrivent maintenant, il disoit : Allez-moi pendre un tel ; attachez celui-là à un arbre ; faites passer celui-là par les piques ou les arquebuses tout devant moi ; taillez-moi en pieces tous ces marauts, qui ont voulu tenir ce clocher contre le Roi ; brûlez-moi ce village ; boutez-moi le feu partout à un quart de lieue à la ronde. Et ainsi tels & semblables propos de justice ou police de guerre proféroit-il, sans se débaucher nullement de ses paters, jusqu'à ce qu'il les eût parachevés, pensant faire une grande erreur, s'il les eût remis à dire à une autre heure, tant il y étoit consciencieux.* Brantôme ajoute qu'il jeûnoit tous les Vendredis.

Dans ce récit, outre l'exactitude aux devoirs religieux, on remarque la sévérité de la discipline dont le Connétable ne s'écarta jamais. C'étoit autant zele pour son devoir, qu'amour

CHARLES IX 1560.

général du bon ordre, qui ne lui permettoit pas de voir de sang froid du relâchement dans aucun état. *Quand il voyoit faire des fautes, ou qu'on bronchoit devant lui*, continue Brantôme, *il le savoit bien relever. Ah! comment il repassoit les Capitaines, quand ils failloient à leurs charges, & qu'ils vouloient faire les suffisants, & vouloient encore répondre; & Messieurs les Conseillers & Présidents, & gens de justice, quand ils avoient fait quelques pas de Clerc, la moindre qualité qu'il leur donnoit, c'est qu'il les appelloit ânes, veaux & sots.* Aussi étoit-il craint comme un homme sans égards & sans ménagements, *étant le Seigneur du monde qui étoit un grand rabroueur*; d'autant plus redouté encore, qu'à la réprimande il joignoit le malin plaisir d'aimer à troubler, à déconcerter, à réduire au silence.

Brantôme.

Il tenoit de la nature ce caractere roide & inflexible; mais l'éducation févere qu'il avoit reçue y ajouta beaucoup. *Quand il partit pour aller en Italie faire ses premieres armes, son pere ne lui donna que cinq cents livres, avec de bonnes armes & de bons chevaux, afin qu'il pâtît & n'eût toutes ses aises, en enfant de bonne maison, & apprît à conduire bien son fait & avoir de l'industrie, & faire de nécessité vertu; aussi disoit-il que nul ne peut jamais bien savoir, qui ne sait pâtir.* Ainsi, accoutumé de jeunesse à n'être point ménagé, le Connétable ne ménageoit pas non plus les autres: cependant, malgré sa dureté, *le bon homme n'étoit pas ennemi de la beauté ni de l'amour;* il se plaisoit à table, & aimoit les propos joyeux, *& disoit le mot pour rire au souper de la Reine, avec elle, lorsqu'il l'alloit voir.*

Anne de Montmorenci étoit vaillant & intrépide, mais plus soldat que Général; il entendoit les finances: avec un bon jugement & une excellente mémoire, il étoit encore grand travailleur. On ne peut lui reprocher qu'un peu trop d'avidité pour acquérir des richesses, & trop d'attachement à celles qu'il possédoit; du reste il étoit plein de probité & de droiture, bon François, & inviolablement attaché au bien du Royaume.

Eloigné de la Cour sous François II,

Charles IX 1560.

il y revint aussi-tôt que ce Prince fut mort, desiré par la Reine mere & par le Roi de Navarre, pour être médiateur & caution de leur amitié. Entrant dans Orléans, il leva les corps de gardes, & congédia les troupes qui étoient aux portes. *Je veux*, dit-il, *que désormais le Roi aille en sûreté sans garde par-tout son Royaume.* S'approchant du jeune Charles, il mit un genou en terre, lui baisa la main; & saisi d'une tendre émotion, le bon vieillard laissa échapper des larmes. *Sire*, lui dit-il, *que les troubles présents ne vous épouvantent pas; je sacrifierai ma vie, ainsi que tous vos fideles Sujets, pour la conservation de votre Couronne.*

Ces sentiments étoient vrais, & le Connétable commença à le prouver en s'employant de bonne foi à concilier la Régente avec le Lieutenant général du Royaume. On régla & on tâcha de prévenir tout ce qui pourroit dans la suite devenir matiere à contestation. Certaines affaires devoient être présentées au Roi de Navarre, d'autres à la Reine: elle avoit droit d'ouvrir les lettres, mais à condition d'en conférer avec les Ministres, avant que de statuer sur leur contenu. On fixa les jours & la forme des conseils, le nombre & la qualité de ceux qui y seroient admis ; la maniere de donner les ordres & d'expédier promptement, quoiqu'en commun, tout ce qui avoit trait au gouvernement du Royaume.

Fin des Etats d'Orléans.

*De Thou, liv.* XXVII. *Davila, liv.* II.

Dans tous ces arrangements, il ne fut en rien question des Etats généraux qui étoient à Orléans, comme simples spectateurs de ce qui se passoit. Vraisemblablement ils n'avoient été convoqués sous François II que pour assurer & légitimer la vengeance qu'on vouloit tirer du Prince de Condé : ce projet échoué, ils devenoient inutiles. Cependant comme ils étoient assemblés, on ne voulut pas les congédier sans qu'ils parussent avoir fait quelque chose ; en conséquence le Roi s'y rendit avec toute sa Cour, & il écouta les discours du Chancelier & des autres Orateurs.

L'Hôpital parla avec beaucoup de dignité de toutes les matieres qui pouvoient intéresser alors ; il insista principalement sur la paix, & s'attacha à prouver que la différence de Religion

CHARLES IX 1560. n'étoit pas une raison pour la rompre. Le Président de la noblesse demanda la réforme de la Cour, du Clergé, de la Magistrature, & ne trouva que la Noblesse dans son devoir. L'Orateur du tiers-Etat invectiva durement contre les Ecclésiastiques ; il fut vivement réfuté par l'Orateur du Clergé, qui à son tour exhorta le Roi à punir sans pitié les Sectaires, & à se servir pour cela de toute l'autorité que Dieu lui avoit confiée. Les Calvinistes frémirent en entendant ce discours, & en demanderent justice comme d'un tocsin de meurtre & de carnage. Par accommodement, l'Orateur fit des excuses publiques aux principaux chefs, & les Etats furent remis au mois de Mai.

1561. Les séances durerent tout le mois de Janvier 1561. Outre ce que je viens de dire, on y parla des finances: le Roi de Navarre proposa de rechercher ceux qui avoient tiré de la Cour des gratifications excessives, & de les obliger à restitution. On sentoit bien que c'étoit un coup indirect porté aux Guises, nouveau germe de discorde, qui produisit des fruits amers

à

à Fontainebleau, où le Roi se rendit au commencement de Février.

CHARLES IX 1561.

Complot contre les Guises.

Tout y sembloit d'abord conjuré contre les Guises, qui soutinrent le choc sans se déconcerter. Le Prince de Condé fut appellé à la Cour; on le déclara innocent: il y parut en crédit & en faveur, dans l'éclat d'un homme qui brave ses ennemis. Les partisans des Bourbons inventoient tous les jours de nouvelles manieres de mortifier les anciens Ministres: on les trouvoit encore trop ménagés, trop favorisés; ce n'étoit que plaintes & murmures; enfin, on en vint au point que le Roi de Navarre, le Connétable, les Châtillons & la principale Noblesse, menacerent de quitter la Cour, & d'aller à Paris faire déclarer par le Parlement le Roi de Navarre Régent du Royaume, si on ne chassoit les Lorrains.

Le Roi interpose son autorité.

Les équipages défiloient déja; tous les partisans des Princes étoient prêts à monter à cheval, lorsque le jeune Roi, par le conseil du Chancelier, fit appeller le Connétable dans son appartement. Il y avoit quatre Secretaires d'Etat disposés à écrire en

CHARLES IX 1561.

cas de besoin, l'acte de son refus. En leur présence, Charles défendit au Connétable de quitter la Cour, & lui enjoignit expressément de rester auprès de sa personne pour faire sa charge. Cet ordre arrêta tout : le Connétable n'osa donner l'exemple d'une désobéissance si formelle ; il demeura. Le Roi de Navarre & les autres, appréhendant qu'on ne s'accoutumât, quand ils n'y seroient plus, à traiter sans eux, resterent aussi, & on se mit à négocier.

La Reine mere négocie : sa politique.

Ce fut toujours la ressource de Catherine ; mais en traitant ainsi les affaires à mesure qu'elles se présentoient, sans prévoyance & sans systême, il étoit bien difficile que la Reine ne donnât des paroles que les événements subséquents l'empêchoient de tenir : de-là les reproches de mauvaise foi, les mécontentements des deux partis, & de nouveaux troubles. Sans prétendre excuser cette conduite, dont les malheurs de la France démontrent le danger, il est néanmoins certain qu'il étoit souvent comme impossible à la Reine d'en tenir une autre. Dans cette circonstance, par exemple, sacrifier les Guises, c'étoit se mettre, elle & ses enfants, à la merci de leurs ennemis, soutenus d'un parti trop puissant, pour n'en pas appréhender une révolution dans la Religion & dans l'Etat. Lors au contraire qu'elle vit les Guises appuyés sourdement par une puissance étrangere, gagner le Roi de Navarre lui-même, se réunir avec le Connétable, & former dans le sein de la Cour une brigue indépendante, Catherine eut recours aux Calvinistes, pour se soustraire à l'empire que les Lorrains vouloient exercer dans le gouvernement. Ce conflit engendra des guerres, les guerres amenerent des traités, dans lesquels la Reine mere, quoique d'une main peu sûre, tint toujours la balance : enfin, quand par la mort des principaux Catholiques, Catherine ne vit plus à ceux-ci d'autres chefs que le Roi, elle s'attacha sans retour à ce parti, & mit en œuvre jusqu'au crime pour le rendre dominant. Tel est le plan de conduite que la Reine mere suivit, sans peut-être se l'être d'abord tracé.

Charles IX 1561.

Liaison des Guises avec l'Espagne.

*Mém. de Condé, liv. II. Lett. de Chantonnay.*

Elle soutint les Guises dans cette premiere bourasque ; mais apparemment elle ne leur montra pas un penchant assez décidé pour les engager à se contenter de sa protection, puisqu'ils jugerent à propos de se mettre en état, non-seulement de se passer d'elle par la suite, mais même de lui donner la loi. On peut se rappeller qu'après la mort de Henri II, Philippe II, Roi d'Espagne, mal-à-propos réclamé par la Reine mere, eut l'audace de s'ériger en protecteur du Royaume : depuis ce temps, ce Monarque intriguant, qui, malgré la sagacité qu'on lui prête, n'a pourtant jamais réussi qu'à faire des malheureux, sans y rien gagner lui-même, se crut en droit de se mêler des affaires de la France. Il tenoit à la Cour un Ambassadeur, qui y jouoit le rôle de Ministre d'Etat, donnoit des avis, louoit, improuvoit, corrigeoit les projets, critiquoit & blâmoit hautement tout ce qui n'étoit pas conforme à ses vues. Les Guises ne faisoient qu'un avec lui, & ils s'aidoient réciproquement de leurs partisans & de leurs lumieres.

CHARLES IX.
1561.
Avec le Connétable.

La Reine, à qui une telle liaison étoit suspecte à juste titre, montroit des égards pour les Calvinistes, afin de les trouver disposés à la seconder en cas de besoin. Cette tolérance de Catherine alla jusqu'à faire paroître pour la nouvelle Religion un goût de préférence, dont le Connétable, très-attaché à l'ancienne, fut scandalisé. Il parla ouvertement contre les assemblées & les prêches, qui se faisoient même à la Cour. A ce premier mécontentement s'en joignit un autre, qui changea tout le système du Connétable, & le réunit aux Guises.

Les Etats d'Orléans n'avoient pas été rompus, mais seulement prorogés au mois de Mai : en attendant qu'ils se rassemblassent, il fut statué qu'on tiendroit dans chaque province des assemblées particulieres pour préparer les affaires sur lesquelles on devoit délibérer dans les Etats.

L'assemblée de Paris, entr'autres articles, proposa de faire rendre compte des gratifications excessives accordées par les derniers Rois aux Guises, à la Duchesse de Valentinois, au Maréchal de Saint-André,

CHARLES IX 1561.

Avec le Maréchal de Saint-André. Qui il étoit.

*Féron. Brantôme.*

& à toutes les sang-sues de Cour.

Le Maréchal se nommoit Jacques d'Albon, cadet d'une illustre famille de la province Lyonnoise. Aux qualités d'homme de plaisir, il réunissoit les talents d'un Général, & le goût des affaires : cependant il s'éleva plus par la faveur que par le mérite militaire. Nourri avec Henri II, Saint-André en fut toujours aimé : il avoit la taille belle, l'air ouvert, une conversation engageante, & sur-tout une adresse singuliere pour parvenir à ses fins. Comme il donnoit à l'excès dans les plaisirs de la table, dans le luxe des ameublements & les superfluités de toute espece, les richesses fondoient entre ses mains, & il étoit toujours embarrassé ; aussi n'y avoit-il pas de moyens qu'il ne se crût permis pour réparer les breches que sa prodigalité faisoit journellement à sa fortune. On l'accusoit de pillages, de concussions ; & les Calvinistes lui en vouloient sur-tout, parce que sous Henri II il s'étoit montré, avec la Duchesse de Valentinois, le plus âpre à demander la confiscation de leurs biens.

CHARLES IX 1561.

Triumvirat.

La Duchesse & le Maréchal lierent leurs intérêts en cette occasion. On parloit de les obliger à restitution ; pour parer le coup, ils résolurent de mettre dans leur parti le Connétable, doublement inquiet de la demande des Députés de Paris, & parce qu'il avoit beaucoup reçu lui-même, & parce qu'un de ses fils avoit épousé une des filles de la Duchesse. Quand ces deux personnes eurent persuadé au vieillard opiniâtre qu'on en vouloit d'abord à la Religion, ensuite à ses biens, en vain le Maréchal de Montmorenci, son fils ainé, lui protesta que la Religion ne couroit aucun risque ; en vain les Châtillons, ses neveux, lui jurerent que la recherche proposée contre ceux qui auroient obtenu des gratifications excessives, ne tomberoit jamais ni sur lui, ni sur les siens ; il ne voulut rien entendre, & se joignit ouvertement aux Guises. Cette réunion du Connétable, du Duc de Guise, & du Maréchal de Saint-André, fut appellée le *Triumvirat*.

Projet d'une Ligue catholique.

On fit courir alors un plan général d'une Ligue catholique, formée pour

CHARLES IX 1561.

*Rec. de choses mém. tome II, page 135.*

soutenir le Triumvirat. Philippe II, Roi d'Espagne, en étoit déclaré chef: on devoit se servir de son entremise pour gagner le Roi de Navarre par des promesses. S'il résistoit, Philippe s'engageoit à faire passer des troupes vers son Royaume, afin de l'obliger à plier. En cas que les prétendus Réformés s'armassent en sa faveur, le Triumvirat se flattoit de pouvoir faire soulever les Catholiques par tout le Royaume ; & afin d'empêcher les étrangers de venir au secours des Religionnaires contre l'armée Espagnole qui entreroit en France, l'Empereur s'obligeoit à retenir les Protestants d'Allemagne par des Edits séveres ; le Pape & les Princes d'Italie, à faire une puissante diversion chez les Genevois & les Suisses, pour les empêcher de se mêler des affaires de France : ainsi les Calvinistes laissés sans défense, devoient être tous passés au fil de l'épée.

Ce plan, quoique malheureusement trop réalisé par la suite, paroît n'avoir été pour lors qu'une de ces pieces qu'on accrédite, afin de noircir ceux qu'on veut rendre odieux. Il

CHARLES IX 1561.

prête sans doute à ceux qu'il attaquoit, des projets bien au-dessus de leurs idées ; mais en retranchant même du Triumvirat ce que la malignité y a ajouté, il reste toujours constant que ce fut une puissance qui s'éleva sans droit légitime.

Edit de Juillet.

De Thou, *l. XXVIII.* Davila, *liv. II.* *Mém. de Condé, tome I. Journ. de Brulart.*

Il y eut donc alors deux partis bien distincts & publics dans l'Etat ; celui des Triumvirs avec les Catholiques, & celui des mécontents avec les Réformés. La Reine, qui se regardoit comme le centre de l'autorité, tâchoit de les réunir à soi : pour cet effet, elle faisoit tenir des assemblées, elle demandoit des avis, s'adressoit aux Princes, aux Grands, aux Magistrats, & à tous ceux qu'elle croyoit pouvoir contribuer à la paix. *Mais*, disoit le Chancelier en plein Parlement, *le diable s'étoit mis parmi les contestations de Religion ;* & il ajoutoit entr'autres raisons, *que cela etoit venu de ce que nul n'avoit pensé à s'amender & reformer.* C'étoit dire assez ouvertement que la Religion ne servoit que de prétexte, & personne n'étoit à portée de le savoir mieux que lui.

*Cérémonial François, tome II, pag.* 545.

CHARLES IX 1561.

Tant de conférences & de pourparlers aboutirent à un Edit, qui, du mois où il fut donné, s'appella l'Edit de Juillet : il avoit été précédé de quelques Ordonnances préparatoires, occasionnées par des émeutes & de petits combats entre Catholiques & Calvinistes, tant à Paris que dans les Provinces. Ces loix particulieres ne suffisant pas, la Cour résolut d'en établir une générale ; pour cet effet, le Roi se transporta au Parlement : l'affaire fut agitée en sa présence, & la délibération se réduisit à trois avis. 1°. Suspendre les poursuites contre les Calvinistes jusqu'à la décision du Concile. 2°. Les punir du dernier supplice. Le troisieme avis mitoyen, entre les deux premiers, fut de ne condamner à la mort que ceux qui feroient des assemblées. Cette derniere opinion, qui ne l'emporta que de trois voix, forma le fond de l'Edit.

On y statue d'abord qu'il y aura paix, union & concorde par tout le Royaume, & qu'il ne sera fait aucunes levées ni enrôlements que par la permission expresse du Roi. Il est défendu aux Catholiques, & sur-tout aux Prédicateurs, ſous peine de mort, de ſe permettre des termes injurieux, des qualifications odieuſes, & tous diſcours ou inſinuations qui pourroient ameuter les peuples; mais auſſi on interdit aux Calviniſtes toutes aſſemblées publiques & particulieres, même ſans armes. Il ne ſera permis de ſuivre, dans l'adminiſtration des Sacrements, que le rit de l'Egliſe Catholique. Les Evêques connoîtront du crime d'héréſie, & ceux qu'ils jugeront à propos de livrer au bras ſéculier, ne pourront être condamnés qu'au banniſſement; enfin le Roi accorde amniſtie générale, pourvu qu'on vive catholiquement & en paix.

Les Calviniſtes ne gagnerent à cet Edit que de ne plus encourir la peine de mort quand ils étoient convaincus; mais ils n'obtinrent pas ce qu'ils demandoient avec tant d'inſtances par leur *complainte apologétique au Roi*, ſavoir, la ſimple permiſſion de s'aſſembler en *quelque coin de ſes villes*. Auſſi le Duc de Guiſe en fut ſi content, qu'il dit tout haut, en ſortant du Parlement: *Pour ſoutenir cet arrêté, mon épée ne tiendra jamais au*

*Paſquier, liv. IV, let. 10.*

*Mém. de Condé, t. I, page 288.*

CHARLES IX 1561.

*fourreau :* paroles remarquables, qui annonçoient les guerres sanglantes qu'occasionneroient les changements faits à l'Edit. Plusieurs n'étoient point d'avis de renvoyer aux Evêques la connoissance du crime d'héréfie ; mais le Chancelier tint bon sur cet article, par la raison qu'au défaut du tribunal des Evêques, il en auroit fallu un autre ecclésiastique, ce qui menoit à l'établissement de l'inquisition.

Reconciliation de Condé & des Guises.

A l'aide de l'Edit de Juillet, on fit à la Cour des raccommodements : le plus difficile étoit entre le Duc de Guise & le Prince de Condé ; celui-ci paroissoit toujours fort ulcéré contre le premier : le Roi voulut qu'ils se réconciliassent. Discours & actions, tout fut concerté. *Racontez*, dit le Roi au Duc de Guise, *comment les choses se sont passées à Orleans.* Le Duc le fit, en rejetant sur le défunt Roi l'emprisonnement du Prince. *Quiconque m'a fait cet affront*, dit Condé en se tournant vers le Duc, *je le tiens pour un méchant homme & un scelerat ; & moi aussi*, reprit le Duc, *mais cela ne me regarde pas.* Second spectacle que ces deux rivaux donnerent au public. Ils s'embrasserent, mangerent ensemble, se jurerent amitié, & ne se pardonnerent pas.

Etats de Pontoise & de St. Germain.

Toute la France étoit en attente de ce que produiroient deux assemblées qui se tenoient, les Etats du Royaume & le Colloque de Poissy. Les Députés des Etats, convoqués à Pontoise au commencement de l'année, y travaillerent long-temps par bureaux, pour rédiger les demandes de leurs Commettants, & en former leurs conclusions : ils se rendirent ensuite à Saint-Germain, où le Roi fit l'ouverture des Etats. D'abord on s'y occupa beaucoup de rangs & de préséance ; le temps s'écoula ensuite en harangues.

Il sembloit qu'il y eût une conjuration formée contre le Clergé. Outre les reproches passionnés d'ignorance & de mauvaises mœurs, il s'éleva un cri général contre les richesses de l'Eglise, cet objet perpétuel d'envie. Le peuple & les courtisans, fideles échos de leurs orateurs, ne s'entretenoient que de projets à cet égard. Il falloit, disoient-ils, réduire les fonds : un tiers bien administré &

CHARLES IX 1561.

bien reparti devoit suffire à l'entretien des Ecclésiastiques, & le reste pouvant être employé à acquitter les dettes de l'Etat, donneroit moyen de diminuer les impôts. Les chefs du Clergé sentirent bien que ce déchaînement avoit un motif; ils offrirent une somme payable en dix ans; c'est le premier *don-gratuit*: la Cour l'accepta; les clameurs tomberent, & les Etats finirent.

Colloque de Poissy.

Le Colloque de Poissy fit un plus grand éclat, & mérite aussi une attention particuliere, parce que c'est une époque remarquable dans l'histoire de nos troubles.

*Pallavicin. Fra-Paolo.*

Long-temps avant qu'on prévît en France que la foi de nos ancêtres, universellement suivie dans le Royaume, seroit un jour exposée à des doutes & assujettie à des examens, l'Allemagne, couverte de sectes qui déchiroient son sein, avoit élevé sa voix pour obtenir un Concile. Le Pape Paul III, vivement pressé, l'indiqua à Mantoue pour l'année 1537; mais le Duc, Souverain de cette ville, n'ayant pas voulu se prêter aux arrangements qu'exigeoit une pareille assemblée, le Pape la transféra à Vicence pour l'année 1538. Différents incidents firent surseoir jusqu'à l'année 1542, que Paul convoqua le Concile à Trente. Les Légats s'y rendirent; mais il n'y vint que très-peu d'Evêques, ce qui fit différer jusqu'à l'année 1545. Il se tint huit sessions dans le courant des années 1546 & 1547. La peste faisant de grands ravages du côté de Trente, le Concile se transporta à Bologne, où se tint une neuvieme session. Tout languit ensuite jusqu'à la mort de Paul III, en 1549. Jules III, qui fut élu en 1550, rétablit le Concile à Trente, où la guerre l'interrompit après la seizieme session, en 1552. Ce ne devoit être que pour deux ans; mais Marcel II & Paul IV ne jugerent point à propos de le continuer. Pie IV, leur successeur, auroit sans doute suivi leur exemple, sans les instances de la France, qui ne lui permirent pas de rester dans l'inaction.

Comme les peuples d'Allemagne, ceux de France crurent le Concile général un remede infaillible à leurs maux; aussi Catholiques & Calvinistes

Charles IX
1561.

le demandoient avec une égale ardeur. Tant que ce desir ne se manifesta que par des prieres, des remontrances, des plaintes & des écrits de quelques particuliers, le Pape tint bon, & le Concile resta suspendu. Quand il vit que l'empressement redoubloit, que la convocation d'un Concile devenoit le vœu de la nation, & qu'au défaut d'un général, on parloit sérieusement d'en tenir un national, ce Pontife donna sa Bulle pour rassembler le Concile à Trente, à Pâques de cette année 1561.

Il étoit déja trop tard; les lenteurs & les délais de la Cour de Rome avoient fait résoudre une conférence publique sur les points contestés entre les deux Religions: on fixa le temps au mois d'Août, & le lieu à Poissy, petite ville peu éloignée de Saint-Germain, où la Cour demeuroit. La partie fut si bien liée, que tous les efforts du Cardinal Hippolyte d'Est, envoyé Légat en France, & ceux de beaucoup de Prélats unis avec lui de sentiments, ne purent la rompre.

Raisons contre le Collogue.

Leur sentiment étoit qu'il y auroit de l'imprudence à exposer la foi au jugement d'un public prévenu, & peu instruit des matieres théologiques; qu'outre les autres inconvénients, ce seroit donner aux Ministres une espece de droit de débiter ouvertement leur nouvelle doctrine. De deux choses l'une, disoient-ils; on veut ou prévenir le jugement du Concile, ou l'attendre : le prévenir, il y auroit de l'imprudence & du danger; si on l'attend, la conférence devient inutile.

CHARLES IX 1561.

*Comm. liv. II & III.*

Ces raisons étoient péremptoires, mais le Cardinal de Lorraine insistoit pour le Colloque. On lui prête dans ses instances l'envie de faire briller son éloquence, & le dessein, plus digne d'un Evêque & d'un politique, ou de convertir les Ministres, ou de mettre aux mains les Protestants d'Allemagne avec les Calvinistes de France, sur la différence du dogme & du rit. On ajoute que le Cardinal de Lorraine & le Duc de Guise avoient formé de longue main ce projet, d'ôter aux Réformés François l'assistance des Allemands, & que ce fut pour y réussir qu'ils eurent des conférences & des entrevues furtives

Motifs du Cardinal de Lorraine en faveur du Colloque.

*De Serres, t. I. p. 690.*

CHARLES IX 1561.

avec le Duc de Wirtemberg, regardé comme le chef militaire des Protestants d'Allemagne, & qu'ils montrerent tant d'empressement d'avoir des Ministres Luthériens au Colloque.

Ouverture du Colloque.

On passa tout le mois d'Août à agiter, sans convenir quelles matieres feroient principalement l'objet des conférences publiques. Les Ministres Calvinistes demanderent que les Evêques n'y assistassent point comme juges, mais comme parties. La Reine embarrassée, répondit que le Roi présideroit : réponse équivoque, qui leur laissoit l'espérance de l'égalité, sans ôter la supériorité aux Evêques.

Acteurs de la conférence. De Laplace Pasquier, liv. IV. let. 2.

Le 9 Septembre le Roi se rendit de Saint-Germain à Poissy pour le Colloque ; il étoit accompagné de la Reine mere, d'Alexandre, Duc d'Orléans, son frere, de Marguerite de France, sa sœur, des Princes du sang, des grands Officiers de la Couronne, & des Ministres d'Etat : le reste de l'assemblée consistoit en cinq Cardinaux, environ quarante Evêques, plusieurs Docteurs Catholiques, & douze Ministres de la nouvelle Religion, choisis entre les plus habiles. Le plus célebre, celui qui porta la parole, & ſur lequel tomba preſque tout le poids de la diſpute, étoit Théodore de Beze, Miniſtre de Geneve, bel eſprit, grand Orateur, ſur-tout vif & heureux à la replique, auſſi propre à conduire une négociation, qu'à manier une queſtion de Théologie.

CHARLES IX 1561.

On ne manquoit pas non plus d'habiles gens parmi les Catholiques, entr'autres Claude d'Eſpence, Docteur en Théologie, d'un ſavoir profond, d'une rare ſagacité, le premier des Théologiens de ſon temps pour ſuivre un raiſonnement, l'appuyer de toutes les preuves dont il étoit ſuſceptible, & démêler le vrai ſens d'une propoſition, malgré toutes les ſubtilités, les équivoques & les ſophiſmes dont ſes adverſaires cherchoient à s'envelopper.

Diſcours du Chancelier.

La premiere ſéance fut ouverte par le Chancelier, qui, raiſonnant à ſon ordinaire en ſimple politique, inſinua que les Catholiques devroient ſe relâcher ſur quelques articles, pour ramener les Calviniſtes. Ces accommodements, en fait de Religion, ne

Charles IX 1561.

plurent point aux Evêques ; & ils auroient bien voulu avoir le discours du Chancelier, pour lui faire, en temps & lieu, rendre compte de sa foi, déja trop suspecte.

De Théodore de Beze.

Quand il eut fini, on dit à Beze de parler : il s'avança au milieu de la salle avec ses collegues ; & se mettant à genoux, les mains tendues vers le ciel, il proféra une priere pleine de force & d'onction, pour demander à Dieu son secours & ses lumieres. Il fit ensuite sa profession de foi, se plaignit en termes touchants des rigueurs qu'on exerçoit contre ses freres, & parcourut les points contestés, fortifiant chacun de toutes les preuves que pouvoit lui permettre la rapidité du discours.

Rumeur qu'il excite.

On l'écoutoit avec la plus grande attention, lorsque tombant sur le Sacrement de l'Eucharistie, il laissa échapper des expressions dont l'indécence fit frémir les Catholiques. On entendit aussi-tôt dans toute la salle une rumeur d'indignation qui pensa le déconcerter : il alla cependant jusqu'à la fin ; mais à peine avoit-il achevé, que le Cardinal de Tournon

CHARLES IX 1561.

ſe leva, & prenant la parole avec cette émotion qu'inſpire un zele long-temps retenu : " Ce n'eſt, dit-il, que ,, malgré moi, malgré la plupart des ,, Evêques ici préſents, & par une ,, pure déférence aux volontés de Sa ,, Majeſté, que nous avons conſenti ,, à entendre ces nouveaux Evangé- ,, liques ; nous avions prévu que s'il ,, leur étoit permis d'expoſer leurs ,, ſentiments en public, ils profite- ,, roient de l'occaſion pour vomir ſans ,, pudeur des impiétés & des blaſ- ,, phêmes. Nous vous conjurons, Sire, ,, de ne rien croire de ce qui vient ,, d'être dit, ou de ſuſpendre du ,, moins votre jugement juſqu'à ce ,, que vous ayiez entendu les Evêques ,, expoſer les vérités contraires ,,. Il inſinua enſuite aſſez clairement qu'il y avoit eu de l'imprudence à expoſer la foi du jeune Roi aux doutes que de pareils diſcours pouvoient engendrer. La Reine, qui ſentit que ce trait la regardoit, s'excuſa de la préſence de ſon jeune fils à pareille aſſemblée, ſur le conſentement des Princes, du Conſeil, & même du Parlement.

Charles IX
1561.

On fixe les points de la réponse.

On agita ensuite s'il étoit convenable de répondre aux discours de Beze : la plupart des Evêques tenoient pour la négative ; mais le Cardinal de Lorraine qui devoit parler, l'emporta : on conclut seulement qu'il n'embrasseroit pas autant de matieres que le Ministre, & qu'il se borneroit à la question de l'Eglise & à celle de l'Eucharistie : de l'Eglise, parce que son autorité une fois prouvée & reconnue, il faudroit que les Hétérodoxes se soumissent à ses décisions, & qu'ainsi tout le systême de la nouvelle Religion s'écrouleroit de lui-même : de l'Eucharistie, parce que ce Sacrement étant, pour ainsi dire, plus de pratique à cause de la messe, de l'adoration & de tout le culte extérieur, on espéroit que les peuples seroient aisés à détromper sur les autres articles, si les chefs s'accordoient sur celui-ci.

Discours du Cardinal de Lorraine.

Le discours du Cardinal de Lorraine porta donc principalement sur ces deux objets : il fut clair, savant & approfondi, prononcé avec noblesse, & mérita l'applaudissement de ses ennemis même. Après qu'il eut parlé, les Cardinaux & les Evêques formerent un cercle autour du Roi : " C'eſt-là, lui dirent-ils, la Foi „ catholique ; c'eſt la pure doctrine „ de l'Egliſe : nous ſommes prêts à la „ ſouſcrire tous, à la ſoutenir, à la „ ſceller, s'il eſt néceſſaire, de notre „ ſang „. Beze demanda à répondre ; mais comme il étoit déja tard, on finit la ſéance.

Matieres agitées dans les autres ſéances.

Le Roi n'aſſiſta point aux autres ſéances : on y fit paſſer en revue ſucceſſivement toutes les matieres conteſtées. Le Cardinal de Lorraine s'attacha à Beze ; il le preſſa vivement, afin de le forcer à développer ſon opinion ſur l'Euchariſtie, & d'en tirer un aveu qui pût le brouiller avec les Proteſtants d'Allemagne.

Il y avoit trois ſentiments ; celui des Catholiques, qui croient qu'après les paroles de la conſécration il ne reſte plus que le corps & le ſang de Jeſus-Chriſt, ſous les eſpeces & apparences du pain & du vin, ce qu'on appelle *tranſubſtantiation*. Les Luthériens penſent qu'avec le corps de Jeſus-Chriſt, reſtent non-ſeulement les eſpeces, mais encore les ſubſtances

Charles IX 1561.

du pain & du vin, ce qu'ils expriment par le mot de *consubstantiation.* Enfin les Calvinistes, & toutes les Sectes qui en dérivent, disent qu'il n'y a ni transubstantiation, ni consubstantiation, mais que Jesus-Christ n'est dans l'Eucharistie que par la foi ; en quoi les Calvinistes sont beaucoup plus éloignés des Luthériens que les Catholiques, qui admettent tous deux la présence réelle, quoique d'une maniere différente.

C'est cette déclaration que le Cardinal de Lorraine vouloit arracher à Beze, pour ôter à son parti la ressource des Luthériens. Un jour, après avoir bien disputé, le Cardinal finit par cette question : " Comme les ,, Luthériens d'Allemagne, admet- ,, tez-vous la consubstantiation ? Et ,, vous, repliqua Beze, comme eux ,, rejetez-vous la transubstantiation ?,, Quand les conférences en furent venues à ce point, où on ne chercha plus à se convaincre ni à se persuader, mais à se surprendre, il fallut songer à les terminer.

Le Colloque cesse d'être public & finit.

Cependant, pour derniere tentative, on changea la forme du Colloque, & chacun

chacun des partis nomma cinq personnes, qu'il chargea de conférer pacifiquement. Ces Docteurs examinerent les textes, composerent des confessions de foi, se les présenterent à signer, les rejeterent réciproquement, & finirent le Colloque en s'attribuant chacun la victoire.

Comment les chefs Catholiques s'y comporterent.

Le Labour. t. I. p. 273.

Je tire d'un Auteur très-judicieux le jugement qu'il faut porter sur les athletes catholiques de cette dispute. " Le Cardinal de Lorraine, *dit le* „ *Laboureur*, fit paroître beaucoup „ de doctrine ; le Cardinal de Bour- „ bon, beaucoup de zele ; Montluc, „ Evêque de Valence, beaucoup „ d'adresse : l'Evêque de Séez & les „ Docteurs s'y signalerent aussi ; mais „ principalement Claude de Xainctes, „ Chanoine régulier, depuis Evêque „ d'Evreux & Docteur de Navarre, „ & Claude d'Espence, y firent admi- „ rer leur grand savoir, leur pru- „ dence & leur piété. Ils furent bien „ nécessaires, non-seulement pour les „ grands coups, mais pour l'ordre de „ la bataille, où le Cardinal de Lor- „ raine, qui s'engagea d'abord trop „ avant, eut besoin d'eux pour être

CHARLES IX. 1561.

„ soutenu, aussi bien que l'Evêque de „ Valence, qu'on soupçonnoit de ne „ point combattre si franchement que „ lui „.

Quelques Evêques suspects.

*Brantôme, tome VII.*

Il y avoit en effet alors des Evêques d'une foi suspecte; quelques-uns, à juste titre, comme le Cardinal de Châtillon, Evêque de Beauvais, qui avoit déja fait la scene dans son palais; & Antoine Caracciol, Evêque de Troyes, qui, en sortant du Colloque, se fit réordonner par les Ministres. " D'autres, *dit Brantôme*, „ étoient soupçonnés de sentir un peu „ mal de la Religion Catholique; „ Montluc, Evêque de Valence; „ l'Evêque d'Uzès; Marillac, Arche- „ vêque de Vienne; les Evêques de „ Bayonne, d'Oléron, & Spisame, „ Evêque de Nevers „. Ces Prélats alloient souvent à la Cour, & ne contribuerent pas peu par leur tolérance à inspirer à la Reine mere les sentiments hardis qu'elle montra dans une lettre au Pape, au sujet des prétendus Réformés de France.

" Ils ne sont, *lui écrivoit-elle*, ni „ Anabaptistes ni libertins; ils croient „ les douze articles du Symbole: aussi

„ plusieurs personnes de piété pensent „ qu'on ne devroit pas les retrancher „ de la communion de l'Eglise, pour „ ne pas révolter la foiblesse de quel- „ ques-uns. Quel danger y auroit-il „ d'ôter les images des Eglises, & de „ retrancher quelques formules inu- „ tiles dans l'administration des Sa- „ cremens ? Ce seroit encore un „ grand bien d'accorder à tous les „ Fideles la communion sous les deux „ especes, d'abolir les messes basses, „ & de permettre que l'office divin „ se fît en langue vulgaire. Du reste, „ on convient qu'il est à propos qu'il „ n'y ait rien d'innové dans la doc- „ trine & la hiérarchie, & que l'on „ conserve toujours pour le souverain „ Pontife le respect & l'obéissance „ qui lui sont dus „.

Le Pape travaille à fortifier le parti catholique.

Le Pape ne se laissa pas prendre à ces dernieres paroles ; il n'en écrivit que plus fortement à Hippolyte d'Est, son Légat en France, de redoubler ses soins, & d'employer tous les moyens pour fortifier le parti Catholique. On n'en trouva point de meilleur que d'attacher par un lien indissoluble le Roi de Navarre au

CHARLES IX 1561.

Triumvirat ; mais il falloit avoir des avantages à lui présenter pour le déterminer à quitter un parti où il pouvoit être chef, & où étoient tous ses amis, & à en prendre un dans lequel dominoient les Guises ses ennemis. Si on étoit revenu à mettre encore sur le tapis les anciennes promesses de la restitution du Royaume de Navarre, ce Prince, souvent trompé par de fausses espérances, n'auroit pas manqué de découvrir le piege, & de se tenir en garde ; on changea donc de batterie. Les Guises se chargerent d'abord de le tenter par une offre, qu'ils crurent devoir abattre un homme aussi sensible à l'éclat d'une Couronne, qu'aux charmes de la beauté.

Moyens employés pour gagner le Roi de Navarre.

*Brantôme, tome I.*

Marie Stuart, veuve de François II, à la fleur de son âge, ornée des graces touchantes qui la rendirent la plus aimable Princesse de son siecle, étoit retournée depuis peu en Ecosse sa patrie. La Cour retentissoit encore des plaintes ameres qu'avoit laissé échapper cette jeune Reine, forcée de quitter la France, où elle avoit été élevée, pour aller vivre dans un

Royaume qui lui étoit devenu presqu'étranger, & dont les dissensions ne lui présageoient qu'un avenir funeste. Jusqu'au dernier moment elle marqua ses regrets par ses soupirs & ses sanglots : elle monta tristement sur le vaisseau destiné à la transporter, s'assit à la pouppe, attacha fixement ses regards sur les côtes qui s'éloignoient ; & prête à les voir disparoître : *Adieu, France*, s'écria-t-elle, *adieu, France, je ne te verrai plus.* Depuis cet instant ses jours ne furent plus qu'un enchaînement de malheurs, avant-coureurs d'une catastrophe sanglante.

CHARLES IX 1561.

Les Guises, qui n'aimerent jamais cette jeune Reine, leur niece, qu'à cause des avantages qu'ils en pouvoient retirer, l'offrirent pour épouse au Roi de Navarre, avec la Couronne d'Ecosse, & ses espérances sur celle d'Angleterre. Il étoit marié lui-même à Jeanne d'Albret, dont il avoit des enfants ; mais le Légat lui fit entendre qu'il seroit aisé de casser son mariage, contracté avec une femme reconnue pour hérétique. On ne sait si le Roi de Navarre n'hésita

*Lett. de Chantonnay. Négoc. du Card. d'Est. Mém. de Condé, t. II.*

CHARLES IX 1561.

pas, & si des offres si éblouissantes ne le tinrent pas un peu en suspens, mais à la fin il refusa : il ne fut pas plus tenté par les charmes naissants de Marguerite de Valois, que Catherine de Médicis sa mere lui fit offrir, pour traverser la négociation du Triumvirat.

Le Roi de Navarre se livre au Triumvirat.

Enfin, sachant que ce Prince commençoit à se rebuter de tant de propositions, plus captieuses que solides, le Roi d'Espagne, en dédommagement de la partie de Navarre qu'il retenoit, promit le Royaume de Sardaigne. On publia de cette isle, de sa fertilité, de ses ports, de ses villes, les descriptions les plus pompeuses : on fit entendre aussi au foible Antoine que c'étoit le seul moyen de tirer de l'Espagne un équivalent des terres que cette monarchie lui retenoit ; que d'ailleurs il ne seroit jamais que le second dans le parti des Calvinistes, dont le Prince de Condé avoit toute la confiance ; & que s'attachant aux prétendus Réformés, il se fermoit pour jamais le chemin à la fortune, que l'extrême jeunesse du Roi & de ses freres lui permettoit d'envisager. Ces considérations déterminerent le Roi de Navarre ; il se lia ouvertement avec les Guises, se déclara sans réserve en faveur des Catholiques ; & dans la premiere chaleur de ses espérances, il brusqua les Calvinistes, qui lui tournerent le dos à leur tour : il abandonna aussi totalement la Reine mere, que cette désertion remplit d'alarmes.

Fermentation dans toute la France.

Pasquier, liv. IV. let. 12 & 13.

Il seroit difficile de décrire au juste l'état des affaires à la fin de l'année 1561 & au commencement de la suivante : tout ce qu'on peut remarquer, c'est que les chefs permettoient que les subalternes de leur parti hasardassent des entreprises, & qu'ils souffroient aussi qu'on les réprimât. Un Prêtre, nommé *Artus Didier*, eut l'imprudence d'écrire au Roi d'Espagne, pour lui demander, au nom du Clergé de France, sa protection contre les Calvinistes. Un licencié en Théologie, nommé *Tanquerel*, soutint dans des theses publiques des propositions attentatoires à l'autorité du Roi. Les Guises se donnerent quelques mouvements pour sauver ces boute-feux ; mais enfin ils les

CHARLES IX 1561.

abandonnerent à la justice, qui, trop indulgente, se contenta de condamner le premier à une amende honorable & à la prison, & le second à une rétractation publique.

De même, le Prince de Condé, les Châtillons & autres chefs, n'empêchoient pas que les Calvinistes n'étendissent un peu à leur avantage l'Edit de Juillet, qu'ils fissent des prêches à Paris comme dans les provinces, qu'ils s'y rendissent les plus forts, qu'ils maltraitassent les Catholiques qui vouloient les troubler; mais aussi ils ne murmuroient pas quand les plus fougueux, flétris ou condamnés à mort, subissoient la peine de leur audace. C'étoit assez pour les chefs d'aigrir les peuples, de les accoutumer à s'attaquer, à se combattre, & de se préparer par-là des soldats tout formés pour le besoin. La Reine qui sentoit ces inconvénients, mettoit toute son adresse à les prévenir, & auroit voulu une fois pour toutes poser une barriere qu'il eût été également impossible aux deux partis de franchir.

Assemblée de Saint Germain.

Le Chancelier de l'Hôpital, qui

paroît avoir été pour lors son principal conseil, remarquant que l'Edit de Juillet, à force de contraventions, devenoit inutile, suggéra à Catherine de demander à tous les Parlements des Députés qui lui aidassent à faire un autre Edit. Ils s'assemblerent à Saint-Germain. Le Chancelier leur fixa le but de leur travail en ces termes : " L'objet de vos délibé-
„ rations doit rouler sur ce point
„ unique : Est-il avantageux au
„ Royaume, dans les circonstances
„ présentes, de permettre ou de dé-
„ fendre les assemblées des Calvi-
„ nistes ? Pour décider, il n'est pas
„ nécessaire de délibérer sur le fond
„ de la Religion : supposant même
„ celle des Calvinistes mauvaise,
„ est-ce une raison de proscrire ceux
„ qui en font profession ? Ne peut-on
„ pas être bon sujet du Roi sans être
„ Catholique, & même Chrétien ?
„ N'allez donc pas vous fatiguer à
„ chercher laquelle des deux Reli-
„ gions est la meilleure. Nous som-
„ mes ici, non pour établir la Foi,
„ mais pour régler l'Etat „.

CHARLES IX 1562.

*De Thou, liv.* XXIX. *Davila, liv.* II. *Pasquier, liv.* IV. *lett.* 13.

Edit de Janvier.

La question ainsi proposée, abstrac-

CHARLES IX 1562. *Mém. de Condé, t. III.*

tion faite des inconvénients qui pouvoient résulter d'une pareille tolérance, dans un Royaume constitué comme la France, étoit aisé à décider ; c'étoit demander : Vaut-il mieux vivre en paix que de s'égorger? Mais l'exemple du passé ne devoit-il pas faire craindre que la tranquillité qui naîtroit de la faveur d'un nouvel Edit, ne fût un calme trompeur, présage de tempêtes encore plus funestes? C'est à quoi ne parurent point songer les auteurs de l'Edit de Janvier.

On y statua que les Calvinistes rendroient les Eglises usurpées, les croix, les images & les reliques enlevées, & qu'ils ne s'opposeroient point à la levée des dixmes & autres revenus ecclésiastiques. Il leur fut enjoint de garder les jours de fêtes les degrés de parenté dans les mariages, & la police extérieure de l'Eglise Catholique. On leur permit néanmoins de s'assembler, pour l'exercice de leur Religion, hors des villes, sans armes. Il fut enjoint aux Magistrats de veiller à ce qu'ils ne fussent ni troublés ni injuriés : on leur défendit aussi toutes levées d'hommes & de deniers ;

CHARLES IX 1562.

mais on leur permit en récompense de recevoir l'argent qui seroit donné volontairement en forme d'aumône.

Le reste de l'Edit contient des réglements pour les Ministres. Il leur est défendu de se laisser aller dans les sermons, dans les livres, dans les conversations, à des invectives contre la messe & contre aucune des cérémonies de l'Eglise Catholique ; de tenir des synodes ou consistoires sans permission de la Cour ; d'aller prêcher de lieu en lieu, & de village en village ; mais ils doivent s'attacher à une Eglise, & ne la point quitter : enfin le Roi leur enjoint de recevoir avec respect les Magistrats qui voudront venir aux prêches voir si tout s'y passe dans l'ordre, & de n'y point souffrir de personnes inconnues, de peur qu'il ne s'y glisse des malfaiteurs. Tous ces articles sont accordés provisoirement, jusqu'à la décision du Concile général.

Triomphe des prétendus Réformés.

Cet Edit ne fut enregistré au Parlement qu'après des remontrances & des lettres de jussion. Les Calvinistes triompherent : les Ministres en exalterent en chaire l'équité, & les chefs

CHARLES IX 1562.

écrivirent par-tout qu'on eût à s'y conformer exactement. Les Catholiques au contraire le reçurent avec un morne silence & un dépit sombre, pire que la menace.

# LIVRE II.

Premiere guerre.

*Pasquier, liv. IV, lett. 2.*

*Comment. part. II, p. 313.*

IL sembloit que rien ne devoit s'opposer à l'exécution de l'Edit de Janvier, & que les Triumvirs & leurs adhérents, fatigués de se plaindre, étoient déterminés à souffrir patiemment ce qu'ils ne pouvoient empêcher. Les Guises avoient quitté la Cour : le Légat & l'Ambassadeur d'Espagne faisoient & réitéroient des remontrances ; mais ils n'y gagnoient que de se rendre importuns à la Reine mere, qui se vengeoit en affectant de les traiter froidement. Le Roi de Navarre, tout entier à sa passion pour la *belle de Rouhet*, ne suivoit les affaires qu'avec la nonchalance d'un homme piqué de voir élever des troubles prêts à traverser ses plaisirs: enfin la cause des Catholiques se trouvoit réduite à la Cour au Connétable & au Maréchal de Saint-André, qui trouvoient toujours en tête l'Amiral & d'Andelot, fiers de la protection de la Reine mere, & sûrs de sa confiance.

On se seroit néanmoins trompé, si sur ces apparences on avoit cru le Triumvirat abattu : la retraite des Guises couvroit les démarches d'une politique profonde. Ils s'étoient approchés des frontieres d'Allemagne, pour empêcher les Protestants de donner du secours aux Calvinistes de France. Comme il falloit un chef de marque à leur parti, au défaut du Roi, qu'ils n'étoient pas certains d'enlever à la Reine sa mere, les Princes Lorrains tâcherent, en quittant la Cour, d'emmener Alexandre, frere du Roi, depuis Duc d'Anjou. Le Duc de Nemours fut chargé de le gagner, mais il ne réussit pas. Le Légat de son côté & l'Ambassadeur d'Espagne, sans se laisser décourager par les affronts, parloient toujours contre l'Edit, blâmoient l'éducation du Roi, semoient l'argent, prodiguoient les caresses ; & quoiqu'ils fussent bien

*Pasquier, liv. IV, lett. 2.*

*Négociat. du Cardinal d'Est, lett. 14.*

CHARLES IX 1562.

sûrs d'être refusés, ils demandoient hautement la disgrace des Châtillons. Quand la Reine, en s'excusant, représentoit la puissance des Calvinistes, l'Ambassadeur répondoit en offrant des troupes pour leur faire la guerre. Il auroit aussi voulu qu'on eût forcé de signer des formules de foi, afin de distinguer les hérétiques, & d'élever un mur de séparation entr'eux & les Romains.

Pour le Roi de Navarre, quand les promesses d'Espagne le tiroient de son indolence, son zele s'échauffoit contre les prétendus Réformés, jusqu'à proposer l'inquisition & toutes ses suites : enfin, quoique le Connétable & le Maréchal de Saint-André restassent tranquilles, on remarquoit dans leur conduite certaines hauteurs qui ne permettoient pas d'être sans crainte de leur part ; de sorte que la Reine se trouvoit entre les chefs de partis, comme entre des rivaux qui s'observoient, se parcouroient, pour ainsi dire, & se mesuroient des yeux ; attentifs à ne point porter les premiers coups, pour ne point mettre contre eux le préjugé public, mais déterminés, si-tôt qu'ils seroient frappés, à déployer toutes les horreurs de la vengeance.

Massacre de Vassy.

De Thou, liv. XXIX. Davila, liv. III. Mém. de Condé, tom. III. Castelnau, liv. III.

Le moment fatal ne tarda pas. Comme la Reine mere paroissoit se lier toujours plus étroitement avec les prétendus Réformés, les Catholiques craignant de voir passer enfin la personne & le nom du Roi dans le parti opposé, écrivirent au Duc de Guise de venir à leur secours : il partit de Joinville à la fin de Février avec une nombreuse suite, qui grossissoit à mesure qu'il avançoit. En passant par Vassy, petite ville sur la frontiere de Champagne, ses valets prirent querelle avec les Religionnaires qui faisoient le prêche : des injures on en vint bientôt aux coups ; le Duc accourut pour calmer le désordre, & dans la mêlée il fut blessé à la joue d'un coup de pierre. Furieux de voir couler son sang, ses gens, malgré sa défense, tombent avec une nouvelle rage sur les Calvinistes ; ils frappent sans distinction d'âge ni de sexe, dissipent, renversent, brisent la chaire du Ministre, déchirent les livres, font main-basse sur tout ce qui se présente,

CHARLES IX 1562.

& ne finissent le carnage que quand la multitude des morts & des blessés fait cesser le combat.

Le cri des malheureux massacrés à Vassy retentit par toute la France. Le Duc de Guise s'en excusa toujours, même au lit de la mort, comme d'un événement fortuit, dans lequel les Réformés étoient les aggresseurs: ceux-ci s'en plaignirent par la bouche du Prince de Condé & par celle de leurs Ministres, qui vinrent porter leurs remontrances à Monceaux, château dans la Brie, où le Roi & la Reine mere passoient les premiers beaux jours. Catherine les reçut bien, & leur donna de bonnes paroles; mais le Roi de Navarre les traita d'*hérétiques* & de *factieux*. Ce fut alors que Beze lui fit cette fiere réponse: *Je parle pour une Religion qui sait mieux supporter les injures que les repousser; mais souvenez-vous, Sire, que c'est une enclume qui a déja usé bien des marteaux.*

Le Duc de Guise à Paris.

Malgré tant d'aigreur, la Reine mere ne désespéroit pas de ramener la paix: elle savoit que tout dépendoit des chefs; c'est pourquoi elle écrivit au Duc de Guiſe, & le conjura de ſuſpendre ſon voyage de Paris, & de venir trouver le Roi. Son deſſein étoit de l'aboucher avec le Prince de Condé, & de les réconcilier; mais le ſort en étoit jeté. Guiſe répondit qu'il ne pouvoit abandonner ſes amis, qui l'appelloient à Paris: il y entra en Monarque, entouré d'un nombreux cortege, reçu avec des harangues, des acclamations, & toute la pompe qui a coutume d'accompagner la majeſté royale.

Dépit de la Reine mere, qui ſe livre aux Calviniſtes.

*Brantôme, tome I.*

*Matthieu, liv. V.*

*Mém. de Condé, tome III.*

*La Noue, 26e. diſcours.*

*Caſtelnau, liv. III.*

A la nouvelle de cette entrée triomphante, la Reine frémit: elle ne pouvoit plus douter de la chûte totale de ſa puiſſance. Catherine craignit pour elle-même, pour ſa propre vie, qu'elle croyoit menacée par les Triumvirs. Les Calviniſtes ſe préſentoient pour la ſecourir; ils avoient une multitude de proſélytes prêts à devenir ſoldats, & des intelligences aſſurées dans beaucoup de grandes villes du Royaume. La Reine ſe jeta entre leurs bras, & écrivit au Prince de Condé de ſauver la mere & l'enfant.

Le Prince de Condé obligé de ſortir de Paris.

Il étoit retourné à Paris tenir tête au Duc de Guiſe; mais la partie

CHARLES IX 1562.

n'étoit pas égale. En vain se montroit-il accompagné de braves Officiers, tâchant, par une fiere contenance, de déterminer le peuple en sa faveur. Les Parisiens attachés à l'ancienne Religion, ne regardoient le Prince qu'avec indignation, & réservoient toute leur affection pour le Duc de Guise. Condé n'eut donc d'autre parti à prendre que d'aller à Meaux rassembler ses forces. Il écrivit à d'Andelot & à l'Amiral de marcher vers lui en diligence : *Que César n'avoit pas seulement passé le Rubicon, mais déja avoit saisi Rome, & que ses étendards commençoient à branler par les campagnes.*

Si-tôt qu'ils eurent réuni quelques troupes, ils se déterminerent à aller secourir la Reine mere. Dans la crainte d'être forcée à Monceaux, simple maison de campagne sans défense, Catherine avoit emmené le Roi à Melun, ville capable de résister du moins à un coup de main, & de-là à Fontainebleau, pour être encore plus loin des Triumvirs; mais elle ne put éviter son malheur.

Les Triumvirs, persuadés que le

succès de leur projet dépendoit de la diligence, partent brusquement de Paris avec une nombreuse cavalerie, arrivent à Fontainebleau, & déclarent à la Reine qu'ils viennent chercher le Roi; que pour elle, si elle ne veut pas l'accompagner, elle peut se retirer où bon lui semblera. Pendant que Catherine résiste, que moitié par menaces, moitié par prieres, elle tâche de gagner du temps, le Connétable donne les ordres du départ. On démeuble les appartements, on charge les bagages, les troupes se mettent en marche, & la Reine, forcée de suivre, s'achemine tristement au milieu de ses femmes éplorées; & serrant entre ses bras le jeune Roi, qui ému d'un événement aussi étrange, versoit des larmes comme si on l'eût mené en prison.

CHARLES IX 1562.

Les Triumvirs enlevent le Roi.

*Lett. de Chantonnay. Mém. de Tavan. pag. 248.*

La Cour arrive à Melun dans cet appareil singulier. Catherine délibere de nouveau: s'abandonnera-t-elle aux Triumvirs, qui lui arracheront peut-être son fils, & la relégueront dans quelque château éloigné, sans puissance? Heureuse, s'ils ne la renvoient pas en Italie! Se confiera-t-elle aux

CHARLES IX 1562.

Calvinistes? Mais n'est-ce pas risquer l'honneur & la sûreté du Roi, que de le livrer sans précaution à un parti qui ne tend pas à moins qu'à la ruine de l'ancienne Religion, & peut-être de l'Etat? Il y avoit péril des deux côtés.

Ils le menent à Paris.

Catherine auroit bien souhaité rester neutre. Quoique gardée, pour ainsi dire, à vue dans le château de Melun, elle étoit encore maîtresse de son sort, parce qu'elle avoit fait préparer secrétement un bateau prêt à la transporter où elle voudroit : enfin, après une nuit de trouble & d'agitation, elle céda à la fortune, & se remit de bonne foi entre les mains des Triumvirs. Peut-être espéroit-elle que contents de ses promesses, ils la laisseroient libre avec son fils à Melun, ou dans quelque château d'où elle verroit les deux partis se combattre, sans prendre part à leur querelle ; mais ils avoient besoin du nom du Roi : ils le transporterent donc à Vincennes, & ne s'en croyant pas encore assez assurés, ils le firent venir à Paris.

Il y fut reçu avec les plus grandes

démonſtrations de joie : il ſembloit que l'on n'eût attendu que ſa préſence pour autoriſer les réſolutions priſes contre les Calviniſtes. Le Connétable à la tête de ſes troupes, rangées en bataille comme pour une expédition périlleuſe, alla dans les fauxbourgs attaquer les temples où ſe faiſoient les prêches, enfonça les portes, briſa les chaires & les bancs, y mit le feu, & rentra dans la ville aux acclamations du peuple, ravi de cet exploit, qui fit donner à Montmorenci, par quelques plaiſants, le nom de *Capitaine Brûle-bancs.* On tint enſuite de fréquents conſeils, pour délibérer ſur les moyens de réduire le Prince de Condé & ſes adhérents, que les Triumvirs, maîtres du Roi, accabloient alors de tout le poids de la puiſſance royale.



Triomphe des Triumvirs.

Quelques heures plutôt, le Prince de Condé & ſon parti avoit contre l'autre les mêmes avantages. Sur les inſtances réitérées de la Reine, il marchoit vers Fontainebleau à la tête de trois mille chevaux, lorſqu'il apprit que les Triumvirs l'avoient prévenu, & que la Reine alloit avec eux

Le Prince de Condé manque le Roi.

*Journal de Brulart.*

CHARLES IX 1562. *Mém. de Condé, t. I.*

à Paris. Davila, Historien favorable à Catherine, assure qu'elle écrivit au Prince qu'on l'enlevoit malgré elle, mais qu'elle ne perdoit pas courage, & qu'elle espéroit qu'il ne souffriroit pas que ses ennemis triomphassent, & lui ravissent le gouvernement. Surpris comme d'un coup de foudre à la lecture de cette lettre, le Prince s'arrête & rêve profondément. L'Amiral le joint ; ils conférent en peu de mots. *C'en est fait*, s'écrie le Prince en soupirant, *nous sommes plongés si avant, qu'il faut boire ou se noyer :* & sur le champ il vole avec ses troupes à Orléans.

Il s'empare d'Orléans. Ecrits de part & d'autre. *Mém. de Condé, tome III. Pasquier, liv. IV.*

D'Andelot qui s'y tenoit caché depuis quelques jours avec des troupes, ayant été découvert, se battoit alors contre les Catholiques, qui vouloient le chasser. La présence du Prince, quoiqu'arrivé dans le plus grand désordre, décida la victoire. Il s'établit dans cette ville comme dans une place d'armes, capable de lui servir de retraite & d'appui. Les principaux Seigneurs de son parti vinrent l'y joindre, ainsi que la Duchesse sa femme, avec l'aîné de ses fils, âgé de neuf ans. Magdelaine de Mailli, mere de la Princesse, emmena les plus jeunes à Strasbourg, asyle assuré contre les hasards de la guerre, que tout le monde croyoit inévitable; mais comme personne n'avoit encore fait de préparatifs, on commença par des manifestes: ceux du Prince de Condé étoient pleins de fiel & d'amertume contre les Guises; il les accusoit d'être les auteurs des troubles de la France; de ne chercher qu'à attiser le feu de la discorde, en privant les Réformés du libre exercice de leur Religion, qui leur avoit été accordé par l'Edit de Janvier. Il conjuroit & sommoit tous les bons François de venir le trouver à Orléans, pour aller délivrer le Roi & la Reine prisonniers entre les mains des Triumvirs.

A ces griefs, les Guises répondoient que les événements présents ne devoient pas leur être plus imputés qu'au Roi de Navarre, au Connétable, & aux autres Seigneurs Catholiques, avec lesquels ils faisoient cause commune. Quant aux deux autres accusations d'intolérance à l'égard des Réformés, & de violence à l'égard

CHARLES IX 1562.

du Roi, la réponse fut encore plus simple. Le Roi en son Conseil confirma l'Edit de Janvier, pour être exécuté par-tout le Royaume, excepté à Paris & à la Cour, où les prêches ne seroient pas permis : il déclara aussi par un autre Edit, que les bruits répandus sur sa captivité étoient faux, & qu'il étoit libre, ainsi que la Reine sa mere. Ces premiers écrits furent suivis d'apologies, de plaintes, de défis, d'offres de se retirer & de poser les armes à certaines conditions, aussi peu sinceres d'une part que de l'autre.

Mauvaise foi de tous côtés.
*Mém. de Tavan. pag.* 225.

Tout n'étoit qu'artifice, déguisement & fourberie. Les Triumvirs écrivoient aux Protestants d'Allemagne qu'ils n'en vouloient qu'aux rebelles, & non à la nouvelle Religion, eux qui laissoient massacrer par-tout ses sectateurs, sans punir les assassins coupables de ces barbaries. Le Prince de Condé & ses adhérents assuroient les Princes Catholiques étrangers que ce n'étoit point la Religion qui leur mettoit les armes à la main, mais le desir de délivrer le Roi, prisonnier de ses propres Sujets; & en même temps qu'ils faisoient cette

cette protestation, ils embrassoient & professoient cette Religion, dont ils prétendoient ne pas soutenir les intérêts.

La Reine mere disoit tantôt qu'elle n'avoit pas écrit au Prince de Condé, tantôt qu'elle ne lui avoit permis de prendre les armes, qu'à condition qu'il les quitteroit quand elle l'ordonneroit. Catherine le prioit en conséquence de prêter l'oreille aux propositions de paix, & le menaçoit de sa colere, dans le temps qu'elle favorisoit ses levées, tant dans le Royaume qu'au dehors. Des historiens bien instruits, ont même prétendu que c'étoit Montluc, évêque de Valence, confident de Catherine, qui faisoit les apologies & les manifestes des Calvinistes. Aussi n'y avoit-il ni suite ni liaisons dans les ordres qui venoient de la Cour aux Gouverneurs des Provinces. *Les lettres du Duc de Guise*, dit Tavanes, *portoient qu'il falloit tout tuer, & celles de la Reine tout sauver.* Si embarrassés de ces contradictions, les Gouverneurs demandoient des ordres

CHARLES IX
1562.
Confédération des mécontents.

précis; on ne faisoit qu'en rire, & on les renvoyoit sans réponse.

Ces lenteurs donnoient au Prince de Condé le temps de se fortifier. Après s'être assuré d'Orléans, son premier soin fut d'assembler une armée. Pour cela il écrivit, & ordonna aux Ministres d'écrire aux Eglises de lui envoyer de l'argent & des troupes. Il manda aussi les Gentilshommes qu'il savoit lui être affidés & attachés à sa cause. Après leur avoir donné des instructions, il les renvoyoit dans leurs provinces, tant pour en gagner d'autres, que pour servir de Capitaines aux soldats qui s'enrôloient. Mais afin de former un corps de ces membres épars, & de lui donner, pour ainsi dire, une ame capable de le faire agir, on fixa les motifs & le but de l'armement par un traité, que les Confédérés jurerent d'exécuter fidélement.

*Mém. de Condé, tome III.*
*Recueil de choses mémor. t. II.*

Ils y disoient, que forcés à prendre les armes par les violences de certains esprits brouillons & turbulents, ils s'engageoient à ne les pas quitter jusqu'à la majorité du Roi,

& à employer leurs biens & leurs vies pour le tirer de captivité, rétablir son autorité & celle de la Reine, & remettre en vigueur les loix fondamentales du Royaume. Ils promettoient d'empêcher, autant qu'il seroit en eux, les rits profanes, les superstitions, les blasphêmes, la débauche, les profanations, le pillage des Eglises, enfin tout ce qui est défendu par la loi de Dieu & par l'Edit de Janvier. " Nous reconnoissons, *ajoutoient-ils*, " le Prince de Condé pour le défenseur & le vengeur du Royaume; " nous lui jurons obéissance comme " à notre chef, & à tous ceux qu'il " voudra mettre à sa place; lui " promettant armes, chevaux, munitions, biens, nos corps & nos " personnes; & si nous manquons " à notre engagement, nous nous " soumettons d'avance à tel supplice qu'il ordonnera.

Ils traitent avec les Etrangers.

Cette association, disoient les Confédérés, n'étoit qu'une juste représaille de la ligue signée par les Triumvirs; & pour ne point être en reste, comme ils accusoient les

G

CHARLES IX. 1562.

Catholiques d'avoir mis le Roi d'Espagne à leur tête, ils ne se firent point scrupule de négocier avec l'Angleterre, alors gouvernée par la fameuse Elisabeth.

On prend les armes.

*De Thou, liv. XXX. Davila, liv. III.*

Le fruit de ces mesures fut un soulévement presque général dans le Royaume, sur-tout en Normandie, dont la capitale & les principales villes se déclarerent pour les prétendus Réformés. On prit également les armes dans d'autres Provinces, soit pour attaquer, soit pour se défendre. De tous côtés on n'entendoit parler que de surprises de villes, d'assassinats, de meurtres, de combats sanglants, de massacres, d'incendies, de pillages, & des autres fléaux qu'entraînent ordinairement les guerres civiles. L'histoire deviendroit immense, si l'on entroit dans le détail de tous ces événements particuliers. Je ne m'y arrêterai, qu'autant que l'exigeront leur singularité & leur influence sur les affaires générales, ou la réputation & l'importance des chefs.

*De Thou, liv. XXV.*

Ce n'étoit pas la premiere fois

que les Calvinistes paroissoient sous des Capitaines, avec drapeaux, munitions, solde, discipline, & tout l'appareil de troupes réglées. Dès l'an 1560, peu après la conspiration d'Amboise, Maugiron dans le Dauphiné, Montbrun dans le Comté Venaissin, les freres Mouvans en Provence, & plusieurs Gentilshommes, dans différents cantons, leverent des soldats, prirent des villes, ruinerent le plat pays, & livrerent de petits combats : mais ce feu à peine allumé, s'éteignit par la mort ou la proscription des chefs, parce qu'il n'y avoit point de forte armée capable de recevoir les fuyards après un premier échec.

Les armées se forment & se mettent en campagne.

Ici tout annonçoit une guerre longue & opiniâtre. Il ne s'agissoit plus de quelques détachements aisés à dissiper, mais d'une armée entiere qui se formoit dans les murs d'Orléans. Les troupes y étoient amenées de toutes les Provinces, par les Châtillons, Antoine de Croï, Prince de Porcien, la Rochefoucauld, Rohan, Genlis, Grammont, & nombre d'autres Seigneurs.

Charles IX 1562.

Celle qui s'assembloit à Paris, sous les yeux des Triumvirs, & qui fut appellée l'*armée Royaliste,* étoit moins fournie de noblesse. Toutes deux, après de nouveaux écrits plus aigres & plus violents, se mirent en campagne, dans les premiers jours de Juin, fortes chacune de huit à dix mille hommes. Le Prince publioit qu'il alloit à Paris, délivrer le Roi; les Triumvirs, qu'ils vouloient renfermer le Prince dans Orléans, & en faire le siege.

Conférence de Toury.

Avant qu'ils s'approchassent, la Reine mere demanda une entrevue. Elle fut accordée entre Catherine & le Roi de Navarre d'un côté, le Prince de Condé & l'Amiral de l'autre. Les escortes furent réglées, & jusqu'au nombre de pas qui devoient les séparer, de peur que de paroles elles n'en vinssent aux injures, & des injures à la violence. Mais à peine les Gentilshommes de l'escorte étoient-ils restés une demi-heure en présence, que reconnoissant chacun dans la troupe opposée leurs parents & leurs amis, ils ne purent se contenir dans leurs postes.

Tous demanderent à leurs Commandants permiſſion de s'approcher : ils volerent dans les bras les uns des autres, ſe conjurant réciproquement de prendre des ſentiments de paix, & de redevenir amis.

CHARLES IX 1562.

C'étoit aux chefs qu'il falloit ſouhaiter ces diſpoſitions. Ils conférerent deux heures ; le Prince de Condé fixé à demander l'expulſion des Triumvirs & l'exécution de l'Edit de Janvier, & le Roi de Navarre arrêté au contraire. Ils ſe ſéparerent ſans rien conclure, & plus aigris qu'avant l'entrevue. Des négociateurs envoyés de part & d'autre, n'eurent pas un meilleur ſuccès. Ils furent ſuivis d'un Secretaire d'Etat, qui au nom du Roi, alla faire au Prince de Condé commandement de mettre les armes bas, de rendre les villes, de licencier ſes troupes, avec promeſſe qu'auſſi-tôt les Triumvirs ſortiroient de la Cour, & que perſonne ne ſeroit jamais inquiété, ni pour avoir pris les armes, ni pour ſa religion.

Conférence de Talſy.

Le Prince de Condé fit ſentir dans ſa réponſe, qu'il regardoit

CHARLES IX 1562.

*Mém. de Condé, tome III.*
*Journal de Brulart, tome I.*
*Négociat. du Cardinal d'Est.*

cette proposition comme un piege; qu'il n'auroit pas plutôt désarmé, que les Triumvirs abusant de sa bonne foi, l'accableroient de leur puissance. Il s'obstina donc à demander pour préliminaire de toute négociation, que le Connétable, le Duc de Guise, & le Maréchal de Saint-André quittassent la Cour & l'armée. La Reine mere & le Roi de Navarre le lui promirent par écrit; en effet les trois Seigneurs suspects se retirerent à quelques lieues du camp, & l'entrevue se fit à Talsy, Bourg situé entre Orléans & Châteaudun.

Le principal agent de cette conférence étoit Montluc, Evêque de Valence, homme délié, éloquent, fécond en expédients, confident & conseil de la Reine, dont on savoit qu'il avoit le secret, qui d'ailleurs ne pouvoit être suspect aux prétendus Réformés pour lesquels il penchoit assez ouvertement. A suivre la marche de cette négociation, on ne peut s'empêcher de croire que le but de Catherine fut de se débarrasser des chefs des deux partis., & de se rendre pour toujours maîtresse des affaires avec le Roi de Navarre, qu'elle auroit gouverné à sa volonté ; & elle pensa y réussir.

D'abord elle vint à bout de résoudre Guise & Montmorenci à mettre leur autorité au hasard en quittant l'armée, ce qui étoit déja beaucoup : ensuite elle inspira au Prince & à ses confédérés assez de confiance pour les engager à traiter sans détour, & à passer & repasser à travers l'armée royale sans presqu'aucune précaution. Enfin elle eut l'adresse de réduire toute la discussion à cette unique conclusion : Les Calvinistes sont les moins anciens & les moins nombreux dans le Royaume ; donc, pour avoir la paix, il faut qu'ils en sortent ; & elle eut l'adresse plus grande encore d'amener le Prince de Condé à en faire lui-même la proposition.

Ce fut l'Evêque de Valence qui dirigea ce stratagême. " La Reine, „ *dit-il au Prince*, voudroit vous „ obliger, mais vous savez qu'elle „ ne le peut, à moins que vous ne

CHARLES IX 1562.

„ mettiez les apparences de votre „ côté. Proposez donc, si on ne „ sauroit autrement rétablir la tran- „ quillité, de quitter plutôt le Royau- „ me avec vos amis, pourvu que „ les Triumvirs se retirerent eux-mê- „ mes de la Cour. Ils ne le vou- „ dront pas, & par une offre si rai- „ sonnable, vous donnerez lieu à „ la Reine de prendre votre parti, „ & vous rejetterez tout l'odieux de „ la guerre sur vos ennemis „. Le Prince goûta cet expédient, & vint à la conférence disposé à en faire usage.

On lui laissa d'abord exhaler son dépit contre ses rivaux ; puis quand la Reine vit que l'énergie des expressions pouvoit occasionner des explications fâcheuses entre lui & le Roi de Navarre, qui étoit présent, elle prit la parole, & dit que, vu la constitution du Royaume, il n'y avoit pas de paix solide à espérer en France, tant qu'on voudroit y établir d'autre religion que la Romaine. Le Prince de Condé répondit que, si on ne pouvoit se flatter de jouir de la liberté de conſcience, ſous l'autorité du Roi, il falloit donc que lui & ſes amis ſe banniſſent du Royaume ; que s'il n'y avoit pas d'autre moyen de rétablir la paix, il n'étoit pas éloigné de le faire, & qu'il offroit même d'en paſſer par cette condition, pourvu que ſes ennemis en fiſſent autant.

Catherine applaudiſſoit à ſon zele, & par des louanges adroites ou des doutes ſimulés, elle lui faiſoit réitérer ſes offres. Quand elle l'eut ainſi amené à ne pouvoir ſe dédire, elle reprit la parole, & s'adreſſant, tant aux Princes, qu'aux témoins de la conférence, qui étoient preſque tous des Confédérés : „ Puiſque „ nos maux en ſont venus à ce „ point, *dit-elle*, qu'on ne peut les „ guérir que par un remede auſſi ſin- „ gulier, j'accepte l'offre que vous „ me faites de ſortir au premier jour „ du Royaume. Ce ne ſera que „ pour un temps, & pendant cet in- „ tervalle, il faut eſpérer que les „ eſprits s'adouciront : je ne renon- „ ce même pas à vos ſervices, & „ je me flatte que, ſi quelque mal-

CHARLES IX 1562.

„ intentionné vouloit remuer pendant votre absence, je vous trouverai toujours prêt à secourir l'Etat. „ Tenons-nous-en aujourd'hui à ce „ préliminaire, demain nous réglerons le reste. „

Lanoue, ch. 4.

A cette conclusion imprévue, les Confédérés se regarderent en silence, & se retirerent tous confus. Les jeunes Gentilshommes de l'escorte, selon le génie François, n'en firent que rire. En retournant au camp, ils s'assignoient des métiers, chacun selon son talent, pour gagner leur vie, quand ils seroient hors de France. Mais les Ministres & les chefs le prirent plus sérieusement. Il leur sembloit que ce n'étoit pas une chose qu'on eût dû accorder si facilement, que de s'expatrier, quitter ses biens, sa famille, des établissements tout formés, pour errer de pays en pays, à charge aux siens & aux autres. Toute l'armée murmuroit. Qu'étoit-il besoin, disoient les soldats, de nous tirer de nos maisons, de nous armer, de nous rassembler prêts à combattre, pour nous condamner ensuite nous-mêmes, ou à abjurer notre religion, ou à nous exiler? Le mécontentement étoit général, & paroissoit autant sur les visages que dans les propos. Que pouvoit faire le Prince en pareille circonstance? Rétracter une parole si solemnellement donnée? C'étoit se déshonorer. La tenir? C'étoit se perdre. Les Confédérés employerent un expédient, qu'ils crurent un bon tempérament entre ces deux extrêmités.

Rupture de la conférence
*Mém. de Condé, tome III & IV, D'Aubigné, t. I, l. III.*

Ils se rendirent le lendemain selon la parole donnée, au lieu de l'entrevue. La Reine les vit arriver avec plaisir, persuadée que, pour consommer son ouvrage, il ne lui en coûteroit que quelques sacrifices, auxquels elle étoit bien déterminée. Le Prince ouvre la conférence par des plaintes, qu'on cherche à le tromper, que ses ennemis s'en vantent eux-mêmes, & qu'ils ont eu l'imprudence de l'écrire à leurs confidents, dont les lettres ont été surprises. La Reine veut répondre; des voix confuses se font entendre. On s'écrie qu'il ne fait pas sûr pour le Prince, que la durée de l'entre-

CHARLES IX 1562.

vue n'a pas été fixée, que les Triumvirs, qui ne sont qu'à quelques lieues du camp, peuvent revenir à chaque instant, & qu'il faut se retirer. Aussi-tôt on se leve en désordre : la Reine tâche de retenir le Prince. Il s'échappe ; elle le suit. Ses amis l'entraînent, le mettent à cheval, & fuient à toute bride, laissant à Catherine sa part de la confusion qu'elle leur avoit causée la veille.

Les Confédérés manquent l'armée royale.

La rupture répandit autant de joie dans l'armée Calviniste, que l'accord lui avoit apporté de tristesse. Le Prince fut reçu avec acclamations. Dans son transport, le soldat demandoit à grands cris qu'on le menât à l'ennemi. On crut devoir profiter de cette ardeur, & les ordres furent donnés pour aller surprendre l'armée royale, pendant que le Roi de Navarre étoit seul, & que le Connétable, le Duc de Guise, & le Maréchal de Saint-André étoient encore éloignés. Mais les guides égarerent les Confédérés. On perdit une marche ; & quand on se trouva en présence, le camp étoit déja à l'abri de toute surprise. Les Triumvirs y revinrent en diligence, & les Calvinistes prévenus se replierent sur Beaugenci, ville infortunée, qui ressentit la premiere les horreurs du fanatisme.

CHARLES IX 1562.

Caractere cruel de cette guerre.

*De Thou, liv. XXX, XXXI & XXXII. Davila, liv. III. Beze, discours sur le saccagement des Eglises Catholiques.*

Beze, & les autres Historiens de son parti, vantent la belle discipline qui régnoit dans l'armée Calviniste. On n'y voyoit ni jeux de hasard, ni femmes de mauvaise vie, ni maraudeurs. Les jurements étoient sévérement défendus. Au lieu de chansons, les soldats chantoient des Pseaumes. La priere se faisoit matin & soir à des heures marquées; & pendant le cours de la journée, les Ministres répandus dans les compagnies, les entretenoient de discours pieux & d'exhortations. Mais en écartant ainsi tous les amusements, & ne souffrant que des conversations sérieuses, ou des sermons véhéments, on inspiroit aux troupes un zele sombre & farouche, & on faisoit de chaque soldat un enthousiaste, qui se croyoit les plus grandes cruautés permises pour le soutien de sa Religion.

CHARLES IX 1562. *La Noue, ch. 7.*

Il n'y parut que trop à la prise de Beaugenci. Le Roi de Navarre avoit demandé cette Ville au Prince de Condé, comme en dépôt pendant les conférences; mais il ne la rendit pas après la rupture. Condé outré de cette espece de supercherie, livra la ville au pillage. Tout ce qu'une rage féroce long-temps retenue peut se permettre d'excès, y fut commis; & le soldat animé par ce premier essai, ne connut plus de bornes par la suite. L'Amiral l'avoit prédit. *C'est vraiment une belle chose*, disoit-il, *que cette discipline, moyennant qu'elle dure; mais je crains que ces gens ici ne jettent toute leur bonté à la fois. J'ai commandé l'infanterie, & je la connois: elle accomplit souvent le proverbe qui dit: De jeune hermite, vieux diable.* En effet, ajoute la Noue, les soldats se comporterent à l'assaut de Beaugenci, *comme s'il y eût eu un prix proposé à celui qui pis feroit. Ainsi perdit notre infanterie son puc..... & de cette conjonction illégitime s'ensuivit la procréation de mademoiselle la Picoree.*

Les Royalistes ne furent point en reste ; ils pillerent avec la même inhumanité Blois & Mer, petite ville du Blésois. Ces cruelles représailles de la part des chefs, enhardirent les particuliers à des excès dont le récit seul fait frémir. Catholiques ou Calvinistes, il est difficile de décider lesquels se permirent des barbaries plus atroces. L'histoire a conservé les noms de quelques monstres, hommes de sang, dont les traces étoient marquées par le carnage ; qui faisoient des prisons de leurs châteaux, & des bourreaux de leurs valets ; qui enfin, non contents de se faire un jeu de la vie des hommes, ajoutoient au supplice les tourments, & aux tourments l'amertume de la raillerie. Il n'y avoit nulle sûreté, nul asyle contre la violence : la bonne foi des traités, la sainteté des serments, furent dans cette guerre également foulées aux pieds : on vit des garnisons entieres qui s'étoient rendues sous la sauvegarde d'une capitulation honorable, passées au fil de l'épée, & leurs Capitaines expirer sur la roue. Les annales des villes, les fastes des familles,

CHARLES IX 1562.

ont transmis jusqu'à nous des exemples d'inhumanité, dont la variété surprend autant que la cruauté inspire d'horreur. Des tortures adroitement ménagées, pour suspendre la mort & la rendre plus douloureuse; des peres, des maris poignardés entre les bras de leurs filles & de leurs épouses outragées sous leurs yeux; des femmes, des enfants traités avec des excès de brutalité inconnus chez les peuples les plus barbares; enfin des provinces entieres dévastées; le meurtre comblé par l'incendie; des Magistrats vénérables, devenus les victimes de la fureur d'une populace effrénée, qui, poussant la rage au delà de leur mort, traînoit dans les rues leurs entrailles encore palpitantes, & se repaissoit de leur chair.

Causes de ces cruautés.

Ces excès énormes, on ne peut le dissimuler, vinrent de ce que les Calvinistes ne respecterent point assez dans les commencements les reliques, les images, & les autres objets de la vénération des Catholiques. Le Prince de Condé retiré à Orléans, se trouva sans finances. Après avoir épuisé les recettes du Roi, dont il s'empara, il envoya à la monnoie les reliquaires, les croix, les calices, & tous les autres vases ou ornements d'or & d'argent consacrés au culte de la Religion Catholique. Ses partisans l'imiterent, & en peu de temps toutes les Eglises dont ils purent se rendre maîtres, furent dépouillées; plus elles étoient riches, plus elles excitoient la cupidité des soldats.

Ils en vouloient sur-tout aux Monasteres; & ce qui outroit le Clergé & le Peuple Catholique, c'est que souvent les déprédations des Hérétiques portoient encore plus la marque de la dérision que du besoin. Ils abattoient les Eglises, renversoient les Autels, qu'ils profanoient en mille manieres: ils mutiloient les statues des Saints, dont ils brûloient les reliques avec moquerie, déchiroient les ornements, les appliquoient à des usages ridicules, fouilloient jusques dans les tombeaux, & dispersoient les ossements, en haine de la Religion Catholique que les morts avoient professée.

A la vue de ces profanations sacri-

CHARLES IX 1562.

leges, les Eccléſiaſtiques tonnerent en chaire contre les coupables; pluſieurs s'armerent, pour repouſſer la force par la force : le zele des Prêtres devint fureur dans les peuples, & ce ne fut plus qu'un débordement d'abominations, dont les chefs gémirent, ſans pouvoir l'arrêter.

Les Confédérés ſommés de déſarmer. *De Thou, liv. XXXII. Davila, livre III.*

Les Catholiques, outre la pente naturelle à la vengeance, y étoient encore entraînés par les Arrêts du Parlement de Paris & de quelques autres, qui leur ordonnoient de prendre les armes, de ſonner le tocſin, de courir ſus aux Calviniſtes, & de les tuer par-tout où on les trouveroit. Ces Arrêts furent ſuivis de nouvelles inſtances de la Reïne au Prince de Condé, pour l'engager à entrer dans des voies de conciliation. Elle lui mandoit que le Conſeil étoit déterminé à ſévir avec la derniere rigueur contre les Sectaires; que le Roi lui-même alloit ſe mettre à la tête de ſes troupes, & qu'on attendoit une armée étrangere pour lui porter les derniers coups.

Leur réponſe.

Le Prince répondit, comme à l'ordinaire, qu'il avoit pris les armes par ordre du Roi & de la Reine, que ſes ennemis retenoient en captivité ; que les déciſions du Conſeil ne l'épouvantoient pas, parce qu'on ſavoit qu'il n'étoit compoſé que des partiſans des Triumvirs, qui en avoient même chaſſé le Chancelier & les autres bons ſerviteurs du Roi ; & afin de diminuer l'impreſſion qu'auroient pu faire les Arrêts du Parlement, Condé récuſa par un autre écrit nombre de Conſeillers, qu'il diſoit être ſes ennemis perſonnels.

Ils ſont déclarés criminels de leze-majeſté.

*Journ. de Brulart. Mém. de Condé, t. I.*

La déclaration annoncée par les menaces de la Reine, parut à la fin de Juillet. Le Roi y diſoit que tous ceux qui avoient pris les armes à Orléans, les avoient pris contre lui ; qu'ils étoient par conſéquent rebelles & criminels de leze-majeſté : comme tels, il les condamnoit à perdre la vie, confiſquoit leurs biens, les privoit, eux & leurs enfants, à perpétuité de toutes charges, honneurs & dignités ; il n'exceptoit du nombre des coupables que le Prince de Condé, dans la ſuppoſition qu'il n'étoit pas libre, mais priſonnier entre les mains

CHARLES IX 1562.

des rebelles : supposition ridicule en apparence, mais sagement imaginée pour ne point pousser le Prince au dernier désespoir, & ménager toujours quelqu'ouverture à la paix.

Embarras des Confédérés.

*La Noue, disc.* 26.

L'armée du Roi se trouvoit en état de soutenir la vigueur de ses Edits. De nombreuses recrues de François, des corps entiers d'Allemands & de Suisses l'avoient considérablement grossie, pendant qu'au contraire celle du Prince de Condé s'étoit comme fondue en peu de jours. Les Gentilshommes, qui en faisoient la plus forte partie, voyant qu'après le sac de Beaugenci la guerre alloit tirer en longueur, dénués d'argent & de provisions, parce qu'ils étoient partis précipitamment de chez eux; rappellés d'ailleurs par les nouvelles qu'ils recevoient de leurs provinces, où tout étoit en feu, quittoient successivement pour aller défendre leurs propres foyers. Le Prince de Condé, dans l'impossibilité d'empêcher cette espece de désertion, fondée sur des raisons trop légitimes, donna à ceux qui s'en retournoient des commissions pour continuer la guerre, & lui faire des soldats ; ensuite il se retira dans Orléans avec une nombreuse garnison, en attendant le succès des négociations entamées en Angleterre & en Allemagne, pour en tirer de l'argent & des troupes.

Les deux partis appellent des troupes.
*Le Lab. t. III. l. I.*
*Négoc. du Card. d'Est.*
*Let. de Chantonay.*
*La Noue.*

*Les étrangers*, dit la Noue, *ouvroient les yeux, & fretilloient pour entrer en France ;* mais ils cachoient leur desir sous des délais concertés, afin de se faire acheter plus cher. Le Pape & le Roi d'Espagne montroient comme une amorce aux Catholiques des armées prêtes à les seconder. Elisabeth, fiere de ses flottes & de son opulence, sembloit n'attendre qu'une demande pour faire voler ses bataillons au secours des Calvinistes. L'Allemagne & les Suisses offroient des hommes aux deux partis ; d'autres pays voisins faisoient aussi parade d'une bonne volonté toute gratuite ; mais quand il étoit question de traiter, le désintéressement disparoissoit, & chacun vouloit tirer avantage des circonstances.

Philippe II exigeoit qu'on chassât du gouvernement ceux qui lui déplai-

CHARLES IX
1562.

soient, sûr que maître dans cette partie, il le seroit bientôt du reste. Le souverain Pontife demandoit que dans l'armée où seroient ses soldats, il y eût un Légat à leur tête, comme dans les Croisades. Les Guises ne crurent pas acheter trop cher la neutralité du Duc de Savoie, par la cession de Turin & de la plus belle partie du Piémont, qu'ils lui firent abandonner, malgré les remontrances des bons François : à la vérité l'inclination déterminoit la plus grande partie des Suisses & des Allemands en faveur des Calvinistes, mais l'argent en fournissoit encore beaucoup aux Triumvirs.

Entre les Puissances, l'Angleterre fut une de celles qui traita avec le plus d'avantage. Elisabeth stipula que de six mille hommes qu'elle donnoit au Prince de Condé, trois mille seroient mis dans la ville du Havre-de-Grace, *pour la garder au nom du Roi, afin de servir d'asyle à ses fideles Sujets persécutés pour la Religion;* & les trois mille autres, dans les villes de Rouen & de Dieppe.

Ce traité détermina les opérations de

CHARLES IX. 1562.

L'armée royale entre en Normandie.

de l'armée royale. Après le pillage de Blois & de Mer, ne trouvant plus d'ennemis en campagne, elle alla assiéger Bourges, qui se défendit peu. Plusieurs des chefs opinoient à attaquer aussi-tôt Orléans, pour finir la guerre par la prise du Prince de Condé & de l'Amiral, qui s'y étoient renfermés; mais la Reine mere s'y opposa, précisément, à ce qu'on prétend, parce que cette conquête, en terminant la guerre, auroit donné trop d'empire aux Triumvirs. Elle fit valoir, contre le sentiment des Généraux, la difficulté de l'entreprise, & la crainte que les Anglois ne se fortifiassent en Normandie. On y fit donc marcher l'armée du Roi, qui commença le siege de Rouen à la fin de Septembre.

Siege & prise de Rouen. *Castelnau, liv. III & IV. La Noue, ch. 8. Mém. de Condé, t. I, II & IV.*

Montgommeri y commandoit. Ce Montgommeri, qui courant contre Henri II dans un tournoi, avoit eu le malheur de frapper le Roi d'un coup mortel, & qui, au lieu de se condamner à une vie obscure, pour faire oublier ce tragique accident, s'enfonça plus avant que les autres dans les guerres civiles, qui lui furent

CHARLES IX 1562.

enfin funestes. Il étoit bon Officier, exercé à l'attaque & à la défense des places, & accoutumé à tirer des ressources des événements même contraires.

Il se défendit vaillamment. La Reine, qui étoit au camp, somma plusieurs fois les habitants de se rendre. Le Parlement & les principaux citoyens avoient quitté la ville avant le siege, & il n'y restoit qu'un peuple obstiné, gouverné par des Ministres qui avoient intérêt de soutenir jusqu'à l'extrêmité, parce que la premiere condition exigée par la Reine, & presque la seule, étoit leur bannissement.

Ils répondirent toujours qu'ils étoient fideles serviteurs du Roi, mais qu'ils ne vouloient pas se soumettre aux Guises : ils demandoient aussi à traiter pour tout le parti, honneur qu'on ne jugea pas à propos de leur accorder : néanmoins on auroit bien desiré de sauver la ville ; mais tant d'obstination irrita les assiégeants ; on redoubla les attaques, & après un mois de défense, Rouen emporté d'assaut, essuya pendant trois jours toutes les horreurs du sac & du pillage : Montgommeri se sauva par la riviere (*a*).

CHARLES IX 1562.

Le Parlement rentré dans la ville, ayant repris ses fonctions, condamna

(*a*) Pendant le siege de Rouen, un Officier de la garnison, nommé François Civil, reçut, étant sur le rempart, un coup de feu dans le visage ; il tombe, on le croit mort, & on l'enterre avec les autres ; son valet instruit de ce malheur, prie qu'on lui montre du moins le lieu où il a été mis, afin de porter le corps à ses parents. Montgommeri lui-même le fait conduire sur la place ; le valet déterre les cadavres, les examine l'un après l'autre, & ne reconnoît pas son maître ; désolé de l'inutilité de sa recherche, il recouvre les corps de terre & s'en va : étant déja à quelques pas il tourne la tête, comme un homme qui quitte à regret, & il apperçoit hors de terre une main, qui n'avoit pas été exactement recouverte ; dans la crainte que les bêtes carnacieres, attirées par cet appas, ne viennent déchirer ces corps, touché d'un sentiment d'humanité, le valet s'approche, & prêt à couvrir cette main, il voit briller au clair de la lune le diamant de Civil ; il retire ce corps, y trouve quelque chaleur, le charge sur ses épaules & le porte au plus prochain hôpital ; les Médecins & Chirurgiens, accablés par la multitude des blessés, ne veulent point perdre leur temps & leurs remedes, pour un homme qui conserve à peine un souffle de vie : le valet le reporte à son auberge, panse sa blessure, lui fait avaler des cordiaux, le ressuscite, pour ainsi dire, & a la consolation, après quelques jours, de s'en voir reconnu & de l'entendre parler. Pendant ce temps la ville est prise ; tout y est mis à feu & à sang. Des ennemis du frere de Civil, croyant le trouver dans cette auberge, y viennent pour le tuer, ils n'y rencontrent que le moribond ; sans compassion pour son état, ils le jettent par la fenêtre, il tombe heureusement sur un tas de fumier, y reste trois jours, sans abris, sans remedes, sans nourriture ; enfin un de ses parents le fait enlever secrétement & emporter hors de la ville : on le traite avec soin, ses forces reviennent ; & après tant d'especes de morts, dit de Thou, au moment que j'écris cet événement, quarante ans après, il vit encore.

CHARLES IX 1562.

à mort plusieurs bourgeois & quelques Ministres échappés au massacre; mais, par une cruelle représaille, le Conseil des Calvinistes, établi à Orléans, condamna aussi un Abbé & un Conseiller au Parlement de Paris, qu'ils tenoient prisonniers, & les fit pendre. Triste effet des guerres civiles, qui, plus que toutes les autres, exposent l'innocent comme le coupable. *Cette façon de faire*, dit Brulart, *étonna beaucoup de gens.*

Mort du roi de Navarre. *Mém. de Condé*, t. II. *Mém. de Tavanes*, p. 267. *Le Lab. tom.* I. *liv.* III. *Brantôme*, *tome* VIII.

Le siege de Rouen est fameux par la mort du Roi de Navarre: il y reçut une blessure, dont les Chirurgiens n'eurent pas d'abord mauvaise opinion; en conséquence, on ne songea qu'à lui épargner les alarmes inséparables de son état; & les Dames de la Cour, dont les charmes ne lui avoient jamais été indifférents, s'assembloient autour de lui pour le désennuyer; mais soit infraction du régime prescrit, soit indiscrétion de plaisirs, dans un état si critique, en peu de jours son mal le conduisit au tombeau: il y descendit avec les flatteuses espérances que le Roi d'Espagne lui avoit données de posséder la Sardaigne ; & l'idée agréable de la vie qu'il comptoit mener dans cette isle, au milieu des grenadiers, des jasmins & des orangers, faisoit dans sa maladie la matiere ordinaire de ses conversations.

On remarque un contraste singulier pour la Religion entre lui & Jeanne d'Albret sa femme. *Cette Princesse qui, dans sa jeunesse, aimoit autant*, dit Brantôme, *un bal qu'un sermon, ne se plaisoit pas à cette nouveauté de Religion.* Quand elle voyoit son mari écouter avec trop de complaisance les Ministres, & montrer quelque penchant pour la réforme, elle ne pouvoit s'empêcher d'en marquer son mécontentement, & lui disoit que pour ses idées elle n'étoit pas d'humeur à perdre le reste de son Royaume ; mais elle changea bien de sentiments par la suite, & alla jusqu'à ne vouloir pas lui souffrir de l'incertitude, & la lui reprocher d'une maniere assez piquante. Un jour entr'autres qu'Antoine de Bourbon lui avouoit ingénuement qu'il ne savoit quelle Religion étoit la meilleure : *C'est pour cela*, lui répondit-elle vivement, *que je vous veux beaucoup de mal ; car,*

*Vie de Coligni, l. IV, p. 171. Cayet.*

CHARLES IX
1562.

*puisque vous doutez aussi bien de l'une que de l'autre, je m'étonne que vous ne preniez point celle qui est la plus utile à votre fortune.* Elle entendoit la Calviniste, dans laquelle le Roi de Navarre auroit tenu le premier rang, au lieu qu'il ne fut jamais, dans le parti Catholique, qu'après le Duc de Guise.

Quand Jeanne d'Albret vit son mari absolument dévoué aux Triumvirs, elle quitta la Cour & partit pour ses Etats, afin d'y élever sans contradiction dans la nouvelle Religion son fils, qui fut depuis notre Henri IV. Quant au Roi de Navarre, il se pénétra si bien des sentiments auxquels les Triumvirs l'avoient rappellé, que *dans cette guerre*, dit Brantôme, *il se montra le plus animé, echauffé, colere & prompt à faire pendre les Huguenots, qui l'en haïssoient comme un beau diable;* & quoi qu'on en dise, la plus grande apparence est qu'il mourut dans la Foi de l'Eglise Romaine.

Les forces étrangeres arriverent au secours du Prince de Condé.

*La Noue, disc.* 26.

Cette nouvelle arriva au Prince de Condé peu après qu'il fut sorti d'Orléans, où il étoit resté long-temps dans une fâcheuse perplexité. Des grandes villes qui avoient embrassé son parti, il ne lui restoit plus que Lyon & Orléans, trop éloignées pour pouvoir se soutenir réciproquement. Un gros corps de troupes que lui amenoit le Comte de Duras, fut battu & dispersé; & il trembloit qu'une armée levée en Allemagne, au-devant de laquelle il avoit envoyé d'Andelot, ne pût échapper au Maréchal de Saint-André, qui lui fermoit la frontiere avec des forces supérieures.

Pendant que le Prince étoit dans ces inquiétudes, il apprit que la Rochefoucauld, outre les restes de la défaite de Duras, qu'il avoit ramassés, lui amenoit un escadron considérable de Gentilshommes; & que d'Andelot, après de longs circuits & des difficultés infinies, souvent sans pain, sans argent, tourmenté d'une fievre quarte, qui ne l'abandonna point pendant toute la route, étoit prêt d'arriver avec son armée, composée de sept à huit mille hommes. *Il ne faut pas demander*, dit la Noue, *si chacun sautoit & rioit à Orléans. Nos ennemis, disoit le Prince de Condé, nous ont donné deux mauvais échecs, ayant pris nos Rocs, (entendant Rouen &*

CHARLES IX 1562.

*Bourges) j'espere qu'à ce coup nous aurons leurs Chevaliers, s'ils sortent en campagne.*

Il marche vers Paris. On négocie inutilement.

Dans cette espérance, Condé marche droit à Paris : il vouloit épouvanter les habitants, en pillant les fauxbourgs, ou brusquer un combat ; mais il y étoit encore attendu par des négociations, ressource ordinaire de la Reine mere. *A ce coup*, disoit-elle, *je leur porte des propositions si raisonnables, que je ne conçois pas comment ils pourront les refuser ;* mais elles ne parurent pas telles aux intéressés. Catherine permettoit l'exercice public de la nouvelle Religion dans tous les lieux où les Calvinistes l'avoient eu depuis l'Edit de Janvier, excepté dans Paris, Lyon, les villes où il y avoit des Cours souveraines, & les villes frontieres. Le Prince vouloit l'exercice libre, du moins dans les fauxbourgs de ces villes & les lieux voisins, chez les Barons, Châtelains & autres Gentilshommes.

*Le Labour. tom. II. Mém. de Condé, tom. IV. Davila.*

*La Noue.*

Pendant qu'on débattoit opiniâtrément ces propositions, il y avoit treve. *Et on eût vu*, dit la Noue, *dans la campagne, entre les corps de garde, sept ou huit cents Gentilshommes de côté & d'autre deviser ensemble, aucuns s'entre-saluer, autres s'entr'embrasser; de telle façon que les Reitres du Prince de Condé, qui ignoroient nos coutumes, entroient en soupçon d'être trompés & trahis par ceux qui s'entre-faisoient tant de belles démonstrations, & s'en plaignirent aux supérieurs. Depuis, ayant vu les treves rompues, que ceux mêmes qui plus s'entre-caressoient, étoient les plus âpres à s'entre-donner des coups de lances & de pistoles, ils s'assurerent un peu, & disoient entr'eux: Quels fols sont-ce ci, qui s'embrassent aujourd'hui, & s'entre-tuent demain?*

CHARLES IX 1562.

On ne s'accorda pas, & ce fut autant de temps perdu pour le Prince de Condé, dont l'armée souffroit en campagne des rigueurs du mois de Décembre, pendant que celle du Roi se fortifioit dans les abris de la ville. Il y vint des recrues nombreuses des provinces, & un corps considérable d'Espagnols. A la vue de ces renforts, les Parisiens se rassurerent; il n'y eut pas le moindre désordre dans la ville: affaires, commerce, travaux, tout y

Il se retire. *De Thou, l. XXXIV. Davila, liv. III. Le Lab. t. II.*

CHARLES IX 1562.

suivit son cours, comme s'il n'y avoit point eu d'armée à la porte. Tant de sécurité, & la crainte d'une trahison, empêcha le Prince de Condé de risquer même une *camisade* qu'il avoit projetée contre les fauxbourgs. Craignant aussi d'être attaqué à son tour, le 10 Décembre il plia bagage de grand matin, & prit la route de Normandie, pour y aller recevoir l'argent qu'il avoit emprunté en Angleterre, & les troupes qu'Elisabeth lui envoyoit : *Car on ne nous refusoit pas de secours*, dit le Laboureur, *de peur que nous ne nous missions d'accord.*

Les deux armées se rencontrent.

Bataille de Dreux.

*Journ. de Brulart.*

*Mém. de Condé, tome I & IV.*

*La Noue, ch. 1.*

*Le Lab. tome II.*

Le Prince de Condé s'en alloit à grandes journées : l'armée royale le suivoit avec la même ardeur ; elle l'atteignit enfin, & le combattit le 19 Décembre auprès de Dreux, d'où cette bataille a pris son nom. Les événements de cette journée la rendent une des plus extraordinaires que l'histoire nous présente. La Noue remarque pour premiere singularité, *qu'encore que les deux armées fussent plus de deux grosses heures à une canonade l'une de l'autre, il ne s'attaqua aucune escarmouche : chacun alors se tenoit ferme, repenſant en ſoi-même que les hommes qu'il voyoit venir vers ſoi n'étoient Eſpagnols, Anglois ni Italiens; ains François, voire des plus braves, entre leſquels il y en avoit qui étoient ſes propres compagnons, parents & amis, & que dans une heure il faudroit ſe tuer les uns les autres, ce qui donnoit quelqu'horreur du fait, ſans néanmoins diminuer du courage.*

En effet, on ſe battit ſept heures avec un égal acharnement. Tantôt vainqueurs, tantôt vaincus, les deux partis eurent alternativement des échecs & des avantages. Les confédérés perdirent le champ de bataille, & le Prince de Condé fut fait priſonnier. Du côté des Royaliſtes, le Connétable fut pris, & le Maréchal de Saint-André tué. Le Duc de Guiſe, qui n'avoit aucun commandement dans cette armée, gagna néanmoins ſeul la victoire; il laiſſa les ennemis s'affoiblir par leur ſuccès, & quand il les vit dans le déſordre de la pourſuite, il s'ébranla à propos, tomba ſur eux avec vigueur, & en un moment décida leur défaite.

CHARLES IX 1562. *Mém. de la Viellev. tome IV. Castelnau, liv. IV.*

Des fuyards de l'armée royale, qui étoient venus à toute bride annoncer à Paris son entiere déroute, furent bien confus quand les couriers du Duc de Guise apporterent la nouvelle de la victoire. La Reine mere la reçut avec l'indifférence d'une personne qui ne peut que perdre, de quelque maniére que tournent les choses. Il est certain qu'elle desiroit qu'on n'en vînt pas à cette extrêmité. Quand les Triumvirs lui envoyerent demander permission de livrer bataille, Castelnau, chargé de cette commission, la vit en proie aux plus vives inquiétudes; elle se tourna tristement vers une de ses suivantes: *Nourrice*, lui dit-elle, *le temps est venu qu'on demande aux femmes conseil de donner bataille; que vous en semble?* Quelqu'effort que fît Castelnau, il n'en put rien tirer de décisif: on prétend qu'elle ne marqua pas grande joie de la victoire, parce qu'elle appréhendoit que cet avantage n'énorgueillît le Duc de Guise. Si elle eut cette crainte, ce qui suivit ne servit pas à la rassurer.

*Mém. de la Viellev. tome V.*

Le Duc de Guise, qui par la prise du Connétable, son collegue en puis-

*Pasquier, liv. IV, Lett. 18.*
*Matthieu, tome I, pag. 267.*

sance, & du Prince de Condé son rival, par la mort du Roi de Navarre & du Maréchal de Saint-André, n'avoit plus désormais de compagnons à craindre, écrivoit à la Cour d'un style fier & arrogant. Entr'autres récompenses, dont il prétendoit être le distributeur, il demanda un brevet de Maréchal de France en blanc, pour en gratifier qui il voudroit. Il n'exigeoit rien pour lui-même ; mais Catherine sentit bien qu'elle ne pouvoit s'empêcher de lui faire expédier des lettres de Commandant général des armées du Roi.

Guise, qui n'écrivoit aux Ministres que *ma bataille, ma victoire*, étoit plein de modestie avec ses soldats & ses ennemis ; il louoit les premiers de leur bravoure, consoloit les derniers dans leur disgrace : le Prince de Condé, son prisonnier, en fut traité avec tous les honneurs dus à sa naissance. Dès le soir de la bataille, ils se conduisirent à l'égard l'un de l'autre, non comme des rivaux qui venoient de chercher à s'arracher la vie, mais comme d'anciens amis, avec franchise & confiance. Ils s'entretin-

CHARLES IX 1563.

rent familiérement, mangerent ensemble, & partagerent le même lit.

Siege d'Orléans.

L'année finit, & la suivante commença par des dispositions à la guerre & à la paix. Le Duc de Guise alla assiéger Orléans : il disoit *que le terrier étant pris, où les renards se retiroient, on les courroit à force par toute la France.* L'Amiral, qui ne désespéra jamais de la fortune, rassembla les débris de l'armée battue, s'y fit reconnoître seul Général ; & après bien des peines essuyées pour retenir sous leurs drapeaux les soldats prêts à déserter, faute de solde & de nourriture, il reçut les troupes d'Angleterre & l'argent, qu'il distribua aux Reitres, *& qu'ils trouverent beaucoup meilleur que les cidres de Normandie.* Coligny se cantonna dans cette province, y rafraîchit & exerça son armée par de petits combats toujours heureux, jusqu'à ce qu'il pût venir secourir Orléans.

*La Noue, ch. 11.*

Pour parlers.

*Mém. de Condé, t. II. Lett. de Chantonnay.*

D'Andelot s'y étoit jeté après la bataille de Dreux, avec de bonnes troupes & des Capitaines expérimentés. Outre la conservation de tant de chefs, qui rendoit cette ville précieuse, on y gardoit prisonnier le Connétable, confié aux soins d'Eléonore de Roye, Princesse de Condé, sa petite niece. La Reine, de son côté, s'étoit comme appropriée la garde du Prince de Condé, qu'elle menoit à la suite de la Cour. Elle se flattoit qu'éloigné des conseils opiniâtres de l'Amiral, il se laisseroit plus aisément fléchir : dans cette espérance, elle avoit pour lui tant d'égards, que l'Ambassadeur d'Espagne, & beaucoup de Catholiques, en murmuroient.

La Princesse de Condé employoit aussi, pour gagner le Connétable, tout ce que son esprit & sa sagesse lui donnoient de crédit : elle demandoit, pour premiere condition de la paix, l'élargissement réciproque des deux prisonniers. On ne se prêta pas à cet expédient, qui auroit rendu un chef nécessaire aux confédérés, pendant que l'armée royale, sous la conduite du Duc de Guise, n'avoit pas besoin du Connétable. Eléonore se borna donc à tâcher d'inspirer à son oncle, par toutes les insinuations dont elle étoit capable, le desir de s'aboucher & de se réconcilier avec son mari.

CHARLES IX 1563.

Elle ne cessoit de lui remettre sous les yeux les ruses dont se servoient leurs ennemis pour les empêcher de se réunïr. *Ils sont*, disoit-elle, *comme ceux qui portent en procession les châsses de sainte Genevieve & de saint Marcel, qui, en les inclinant l'une vers l'autre pour se saluer, prennent bien garde de les trop approcher, persuadés que si elles se touchoient une fois, on ne pourroit plus les séparer.*

Puissance du Duc de Guise.

*Pasquier*, *liv. IV*, *lett.* 17.

Mais le moment de cette réunion desirable n'étoit pas encore arrivé. Les confédérés avoient trop de défiance; & la Reine, retenue par le Duc de Guise, n'osoit leur accorder des conditions qu'elle n'auroit pas refusées, si elle eût été sa maîtresse. Tout ce qu'elle put faire en leur faveur, fut de donner une amnistie générale après la bataille de Dreux, encore la regarderent-ils moins comme un bienfait que comme un moyen imaginé pour débaucher leurs troupes. *Le Duc de Guise, assez grand*, dit Pasquier, *pour soutenir sa querelle de soi-même, sans l'interposition du nom d'un Prince*, offusquoit amis & ennemis: il se rendoit l'arbitre & le canal des graces. La Reine plioit, mais elle faiſoit quelquefois ſentir ce que lui coûtoit la contrainte. La Cour fourmilloit de Chevaliers de l'Ordre de St. Michel. Sous prétexte de récompenſer ceux qui s'étoient diſtingués à la bataille de Dreux, Guiſe en demanda une nouvelle promotion : Catherine y donna les mains, non ſans regret. *Nous avons fait ce matin*, écrivoit-elle le 12 Janvier à un de ſes confidents, *trente-deux Chevaliers, parce qu'il n'y en avoit ; & dites, après cela, que nous ne faiſons rien ici.* Cette ironie fait connoître qu'elle ne voyoit qu'avec peine toute la puiſſance entre les mains d'un ſeul homme, capable de lui donner la loi.

Il eſt bleſſé.
*Mém. de Condé, t. I. & IV.*
*Le Labour. tome. II. p. 175.*
*Comment. liv. VI.*

Pour lui, tranquille ſur les diſpoſitions de la Cour, dont il ſavoit bien que la faveur ne lui manqueroit pas tant qu'il ſeroit le plus fort, il continuoit avec vigueur le ſiege d'Orléans : déja il avoit mandé à la Reine qu'il ne tarderoit pas à s'en rendre maître, lorſqu'il fut bleſſé en trahiſon d'un coup de piſtolet, par Jean Poltrot de Méré, Gentilhomme Angoumois.

CHARLES IX 1563.

Comme si la France entiere eût dépendu du sort de ce grand homme, sa blessure suspendit l'activité de tous les mouvements pour la guerre & pour la paix. On ne combattoit plus que mollement ; on ne négocioit qu'avec incertitude. Cette crise des affaires ne dura pas long-temps. La blessure étoit profonde ; les balles étoient empoisonnées : le malade, malgré les espérances qu'on vouloit lui donner, sentit son état, & se prépara à la mort.

Sa mort.

En ce moment, où l'ame paroît toute entiere, on ne vit dans le Duc de Guise ni foiblesse, ni regret à la vie, mais une grandeur & une fermeté au-dessus de tout soupçon. Il appella auprès de son lit Anne d'Est son épouse, & Henri, l'aîné de ses fils, encore adolescent. Par tout ce que la tendresse put lui suggérer, il conjura la mere de veiller attentivement sur l'éducation de leurs enfants ; &, comme s'il eût prévu les forfaits auxquels l'ambition pousseroit ce jeune homme, il l'exhorta à modérer ses desirs, & à ne point se fier aux faveurs de la Cour. Tous ses soins se tournerent ensuite du côté de la Religion ; il reçut les derniers Sacrements avec les sentiments d'une pieuse résignation : on ne lui entendit pas former la moindre plainte contre son assassin, ni contre ceux qu'il avoit droit de soupçonner d'être ses complices ; il se justifia même du massacre de Vassy, comme d'un événement purement fortuit, & ses dernieres paroles furent des conseils de paix à la Reine mere.

Son caractere.

Le Laboureur fait son éloge en deux mots. *François, Duc de Guise, héros qui aimoit l'Etat & la Religion.* Il reste pourtant encore indécis s'il aimoit à dominer pour faire régner la Religion, ou s'il aima la Religion pour triompher par elle : mais sur quoi on ne peut se tromper, c'est sur ses vertus militaires & populaires, courage, intrépidité, affabilité, douceur ; sur sa sagesse à projeter, & sa promptitude à exécuter ; sur l'étendue de son génie, aussi propre au manege de la Cour, qu'aux expéditions guerrieres. Il connoissoit le foible de la Reine, que les coups de vigueur déconcertoient ; il la surpre-

CHARLES IX 1563.

noit par sa hardiesse, & lui arrachoit ce qu'il vouloit, avant qu'elle se fût mise en garde contre ses desirs.

Vie de Coligni, livre IV, p. 267.

Quelques Auteurs Calvinistes l'accusent d'avoir tenté deux fois de faire assassiner l'Amiral : accusation sans preuves, qui semble n'avoir été imaginée que pour diminuer l'odieux de l'attentat de Poltrot. Au contraire, il est prouvé, par le témoignage d'un Historien bien instruit, que le Duc de Guise avoit été déja manqué une fois au siege de Rouen ; & que quand on lui amena le coupable, qui se vantoit d'avoir voulu le tuer afin de défendre sa Religion, Guise lui répondit ces belles paroles : *Votre Religion vous a porté à me vouloir tuer, & la mienne fait que je vous pardonne.* Aussi sa mort est-elle une tache dans la vie de l'Amiral. L'assassin varia dans ses dépositions contre Soubise, la Rochefoucauld, Théodore de Beze, & quelques autres ; mais dans les tortures, dans le dernier supplice, il ne cessa de charger Coligni. Henri, fils du mort, regarda toujours l'Amiral comme coupable du meurtre de son pere ; & tout jeune qu'il étoit, il lui jura une haine qui ne finit que par la plus sanglante catastrophe.

Malheureux état de la France.

Le Duc de Guise mort, le Prince de Condé & le Connétable, prisonniers, il sembloit aisé d'amener les esprits à une conciliation générale. Le seul génie inflexible de l'Amiral faisoit craindre des obstacles ; mais il étoit éloigné, & les Ministres de la Religion prétendue réformée, enfermés dans Orléans, privés de sa présence, n'étoient pas capables de contre-balancer les vœux de tout le Royaume pour la paix : jamais la France n'en avoit eu un besoin plus pressant. Les Anglois, unis à une faction puissante, & maîtres du Havre, menaçoient toute la Normandie. Pour continuer la guerre, il auroit fallu un Général habile, tel que le Duc de Guise, capable, par ses talents & son crédit, de retenir l'armée royale sous ses drapeaux, malgré la disette & la mauvaise paye ; mais il n'y en avoit en France que de suspects, par leur attachement à l'un ou à l'autre parti. C'est ce qui fit imaginer à la Reine d'offrir le commandement au Duc de Wirtemberg, Allemand,

CHARLES IX 1563.

homme étranger à toutes les factions, & dont elle disposeroit à volonté, mais il le refusa.

Les finances étoient épuisées, le commerce détruit, les terres en friche; en un an d'hostilités, le Royaume avoit été plus dévasté que par une longue guerre, parce que dans celle-ci tout homme étoit devenu soldat: l'artisan quittoit sa boutique, entraîné par l'appas du gain; le cultivateur, chassé par les partis répandus dans la campagne, abandonnoit son champ; & devenu pillard, d'abord par nécessité, continuoit à l'être par goût & par état. La France entiere ravagée, n'offroit qu'un affreux tableau de brigandages: tous les ordres de l'Etat avoient besoin d'un calme qui laissât entendre les menaces de la loi; c'étoit le seul moyen de rétablir la subordination & la police, & ce calme ne pouvoit être que l'ouvrage de la paix.

Convention d'Amboise. *Mem. de Condé, t. I & IV. Castelnau, liv. V. Le Lab. t. II, liv. IV.*

La Reine la desiroit avec une ardeur inexprimable: elle caressoit le Prince de Condé, embrassoit tendrement Eléonore son épouse, la conjuroit de l'aider à fléchir l'opiniâtreté de ſon oncle & de ſon mari. On aboucha les priſonniers ; Condé demandoit l'exécution entiere de l'Edit de Janvier ; Montmorenci proteſtoit que jamais il ne ſouſcriroit à une loi ſi préjudiciable à la Religion Catholique. A force de ſollicitations & d'inſtances, on les engagea à ſe relâcher chacun de leur côté, & de ces modérations ſe forma l'Edit d'Amboiſe.

Celui de Juillet 1562 permettoit aux Calviniſtes de s'aſſembler, pour l'exercice de leur Religion, par-tout le Royaume, pourvu que ce fût hors des villes. Celui d'Amboiſe, donné le 19 Mars, leur permettoit de faire cet exercice dans les villes dont ils ſe ſeroient trouvés en poſſeſſion le 7 Mars. La permiſſion générale de faire le prêche dans toutes les campagnes, accordée par l'Edit de Janvier, étoit reſtreinte dans celui-ci, pour les Seigneurs hauts-juſticiers, à toute l'étendue de leur ſeigneurie ; pour les nobles, à leur maiſon ſeulement, pourvu qu'elle ne fût pas dans les villes ou bourgs ſoumis à la haute-juſtice de quelque Seigneur Catho-

CHARLES IX 1563.

lique. Par compensation de cette restriction, dans chaque Bailliage ressortissant immédiatement aux Parlements, on marqua aux Calvinistes une ville dans laquelle ils pratiqueroient en liberté leur Religion. Du reste, l'Edit ne portoit aucune clause d'amnistie flétrissante, mais oubli total du passé, & reconnoissance que le Prince & ses adhérents étoient de fideles sujets du Roi; qu'ils n'avoient pris les armes qu'à bonne intention, & pour le bien de son service.

Mécontentement de l'Amiral

De Thou, l. XXXV. Davila, liv. III. Matthieu, liv. V. page 274.

L'Amiral fut outré de colere, en apprenant que la paix étoit signée. *Ce trait de plume*, dit-il, *ruine plus d'Eglises, que les forces ennemies n'en auroient pu abattre en dix ans.* Il connoissoit les siennes, & savoit qu'avec une armée florissante, n'ayant plus en tête le Duc de Guise, il étoit en état de donner la loi; au lieu qu'avec les conditions d'Amboise, c'étoit la recevoir. Il en fit de vifs reproches au Prince de Condé, ainsi que Calvin, Beze, & les autres Ministres. Tous ensemble lui prédirent qu'il ne tarderoit pas à s'en repentir; mais l'affaire étoit conclue, il

CHARLES IX. 1563.

il n'y avoit point à revenir. En conséquence les prisonniers devinrent libres, & l'Amiral fut obligé de souffrir, non sans chagrin, la dispersion de son armée. Les Allemands Reitres & Lansquenets furent renvoyés dans leur pays, payés des deniers du Roi, avec un ample sauf-conduit pour traverser le Royaume.

Mauvaise foi de la Reine.

*Mém. de Tavannes, pag. 314.*

Il leur auroit peu servi, si la Reine en eût été crue. A ces traits on reconnoît le caractere de Catherine, vindicative & infidelle à sa parole, pour peu qu'elle eût intérêt d'y manquer. Afin d'ôter aux Allemands l'envie de revenir en France, elle écrivit à Tavannes, Commandant en Bourgogne, de les attaquer malgré leur sauf-conduit, & de les détruire. Prudémment il refusa d'obéir, *sachant qu'il seroit desavoué, qu'on tomberoit sur lui, comme infracteur de la paix, & qu'il auroit les Princes du sang pour ennemis.*

Cruautés de des Adrets.

*Le Lab. tome II, liv. IV.*

*Brantôme, tome VII.*

Les Calvinistes évacuerent Orléans, & la Reine y mit garnison. Ils rendirent aussi Lyon, qu'on pouvoit regarder comme la conquête de Beaumont, Baron des Adrets, ce des

CHARLES IX. 1563. *Vie de De Thou, t. XI, page 8.*

Adrets qui, dans cette guerre, fit trembler le Dauphiné, Avignon, le Languedoc, le Lyonnois, la Provence, le Vivarez, le Forez, l'Auvergne, & presque Rome même, où l'on appréhendoit qu'il portât ses armes, presque toujours suivies de la victoire. *Sa reputation fut rapide*, dit le Laboureur, *parce qu'il fut aussi furieux que vaillant, plus cruel que les autres, & plus redoutable.*

Ce qui lui arriva à Montbrison, quoi qu'assez connu, mérite de n'être pas oublié. Des Adrets s'étant emparé de cette ville sur les Catholiques, après son dîner, par forme de divertissement, s'amusoit à voir sauter de la plate-forme d'une tour fort élevée les soldats de la garnison, qu'il avoit tous condamnés à ce genre de mort. Un d'entr'eux ayant pris deux fois sa secousse, comme prêt à sauter, s'arrêtoit sur le bord du précipice. *C'est trop de deux fois*, s'écria le Baron. *Je vous le donne en dix*, lui répondit le malheureux sans se troubler. Des Adrets, frappé de la force d'esprit d'un homme qui pouvoit plaisanter dans un si grand danger, lui donna sa grace.

CHARLES IX 1563.

C'eſt peut-être la ſeule fois que le Baron ſe ſoit ſenti toucher d'un ſentiment de pitié. Il tuoit, brûloit, ſaccageoit avec une inhumanité qui faiſoit frémir ſes officiers eux-mêmes. *Je le vis fort vieux à Grenoble, dans mes voyages*, dit M. de Thou, *mais d'une vieilleſſe encore forte & vigoureuſe, d'un regard farouche, le nez aquilin, le viſage maigre & décharné, & marqué de taches de ſang noir, tel que l'on nous peint Sylla. Du reſte, il avoit l'air d'un véritable homme de guerre.*

Cruautés de Montluc. *Brantôme, tome VII. Mém. de Montluc, l. I & V.*

L'émule de ſes cruautés, Blaiſe de Montluc, fléau des Calviniſtes en Guyenne & dans les Provinces voiſines, reſſentit davantage les infirmités d'une vieilleſſe caduque. Il raconte ainſi ſon hiſtoire. *M'etant retiré, à l'âge de ſoixante-quinze ans, après cinquante-cinq ans que j'ai porté les armes pour le ſervice des Rois mes maîtres, ayant paſſé par les degrés de ſoldat, Enſeigne, Lieutenant, Capitaine en chef, Meſtre-de-Camp, Gouverneur des Places, Lieutenant de Roi, & Maréchal de France, eſtropiat preſque de tous mes membres, d'arquebuſades, coups de piques & d'épée, à demi-*

CHARLES IX 1563.

*inutile, sans force, après avoir remis la charge de Gouverneur de Guyenne, j'ai voulu employer le temps qui me reste à décrire les combats auxquels je me suis trouvé, pendant cinquante-deux ans que j'ai commandé.*

C'est dans ces mémoires qu'il raconte, avec le sang froid d'un caractere naturellement féroce, les supplices auxquels il condamnoit les hérétiques; la potence, la roue, la torture. *Je recouvrai*, dit-il, *deux bourreaux, lesquels on appella depuis mes laquais; parce qu'ils étoient souvent avec moi*. Il se croit bien excusé, en disant que les Calvinistes ne pouvant le gagner, avoient voulu le tuer; ce qui le força, *contre son naturel, à user non seulement de rigueur, mais de cruauté*: comme s'il étoit possible d'endurcir son cœur à ce point, si on n'y portoit déja un germe d'inhumanité prêt à se développer! Montluc convient de bonne foi qu'il ne cherchoit qu'à nuire aux Sectaires; qu'il auroit voulu les détruire jusqu'au dernier; qu'il se sentoit contr'eux une haine, une fureur qui le mettoit hors de lui-même; & *disoit-on*, rapporte Brantôme, *qu'il apprenoit ses enfants à être tels, & à se baigner dans le sang, dont l'aîné ne s'épargna pas à la Saint-Barthelemi.* Transports effrayants, qui tenoient du délire & de la frénésie ; transports que les remedes doux appliqués pendant la paix, ne purent calmer entiérement.

CHARLES IX. 1563.

Le premier fruit de la pacification fut l'expulsion des Anglois. Ils tenoient la Ville du Havre, que le Prince de Condé leur avoit cédée, comme cautionnement des sommes prêtées. La même main qui les y avoit introduits, les en chassa. Ce furent les restes de l'armée des Confédérés, que le Connétable mena à ce siege. L'envie d'effacer la honte d'un traité avec les ennemis de l'Etat, leur fit faire des efforts prodigieux. Aussi la ville ne tint pas long-temps ; elle se rendit au commencement d'Août.

Prise du Havre. *Mém. de Condé, tome I & IV. Castelnau, liv. V.*

Sans intervalle, la Reine qui avoit mené le Roi au siege du Havre, & qui se trouvoit à la tête d'une armée, conduisit son fils à Rouen. Elle le fit déclarer Majeur au Parlement de Normandie, ce qui déplut au Parlement de Paris, & encore plus au

Majorité du Roi. *Vie de Coligni, l. IV.*

CHARLES IX. 1563.

Prince de Condé, à l'Amiral, au Connétable, & à tous ceux qui avoient des prétentions sur le gouvernement, de quelque parti qu'ils fussent. Ils étoient fâchés de se voir enlever le prétexte d'une minorité; mais ils s'en tinrent à des murmures.

Bons principes d'éducation pour Charles IX.

Charles IX entroit dans sa quatorzieme année, âge fixé par les loix du Royaume pour la majorité de nos Rois. Il montroit un esprit vif, beaucoup de goût pour la guerre, de la passion pour la chasse, & en général, pour tous les exercices violents. Dès sa jeunesse, sa taille étoit avantageuse, & on remarquoit dans toute sa personne un air de grandeur & de majesté. Soit pour la forme, ou pour donner du poids à ses décisions, la Reine l'engageoit à se trouver au Conseil, & lui donnoit connoissance de toutes les affaires, sauf néanmoins certains motifs secrets, qu'elle savoit, quand il étoit nécessaire, colorer de raisons spécieuses.

*Mém. de Condé, tome VI, p 651.*

Il nous reste de Catherine une lettre au Roi son fils, à peu-près de ce temps, qui est comme un réglement général de sa conduite. Elle l'exhorte à se lever matin ; à admettre les principaux de la Noblesse pour lui rendre leurs respects ; à travailler avec les quatre Secretaires d'Etat, qui l'accompagneront à la messe ; à dîner au plus tard à onze heures ; venir ensuite converser chez la Reine ; se promener ou monter à cheval sur les trois heures ; s'amuser à courir, donner de la lance ou chasser ; & en se couchant, se faire réguliérement apporter les clefs du palais, qu'on mettoit sous le chevet de son lit.

Dans les avis que la Reine donne à Charles IX pour le gouvernement de son Royaume, elle insiste sur le soin de lire ses lettres tous les jours, & de veiller à ce qu'elles soient répondues exactement ; de donner audience une fois la semaine ; de recevoir avec affabilité les Gentilshommes qui viendront lui faire la cour ; de s'informer de leurs familles & de leurs affaires. Elle cite à cette occasion l'exemple de Louis XII & de François I. Louis avoit un livre dans lequel étoient inscrites les personnes les plus distinguées de chaque province, & à côté du nom, les dons, graces ou privi-

CHARLES IX 1563.

leges qu'il pouvoit leur accorder. Venoit-il à vaquer quelqu'emploi honorable ou important, il leur en envoyoit les provisions, sans qu'elles eussent la peine de venir à la Cour, ni de les demander. François, aussi généreux, dispensoit ses bienfaits avec une égale intelligence; d'où il arrivoit que dans le Clergé, dans les tribunaux, parmi la noblesse, les troupes, & même le peuple, il y avoit une infinité de personnes attachées au Roi lui-même, & qu'il ne se passoit rien qu'il n'en fût exactement informé.

Ils sont mal suivis.
*Mém. de Tavannes, p. 281.*

Ce n'étoit pas assez de donner ces sages conseils, il auroit fallu ne confier le jeune Prince qu'à des hommes capables de les lui faire goûter; mais Catherine ne paroît pas avoir été assez délicate sur ce point: elle eut le défaut des ambitieux, celui de trouver bons à tout, ceux qui pouvoient lui être utiles. Le mérite d'inspirer à son fils de la déférence à ses volontés, & une confiance aveugle, l'emporta, pour être placé auprès du jeune Monarque, sur la science & sur la vertu. Charles fut livré à des flatteurs, à des ames basses, à des hommes vicieux, dont l'exemple & la coupable connivence corrompirent son bon naturel. Insensiblement la Cour se composa de ces sortes de gens prêts à tout faire, à la grande satisfaction de la Reine, qui se promettoit par-là de ne point éprouver, du moins de la part des courtisans, de contradiction dans ses projets.

Exécution de l'Edit d'Amboise.

Tandis que Catherine s'assuroit de ce côté, elle envoyoit dans les provinces des Commissaires, chargés de faire mettre à exécution la convention d'Amboise. Comme il arrive dans tous les accommodements forcés, les uns vouloient plus que ne donnoit l'Edit, les autres refusoient même ce qu'il accordoit clairement. Les Commissaires, dans leurs arrangements, eurent égard aux lieux & aux circonstances. Dans les endroits où les Calvinistes étoient les plus forts, on leur marqua des lieux d'assemblée plus commodes; ailleurs on les restreignit jusqu'à exciter des plaintes publiques, qui furent portées au Ministere.

La Cour le modifie.

On y saisit cette occasion de donner

CHARLES IX 1563.

un autre Edit en interprétation de celui d'Amboise. Ce nouveau réglement tomboit principalement sur les personnes du Clergé qui s'étoient laissé entraîner à la nouvelle Religion. Le Cardinal de Châtillon, Evêque de Beauvais, l'Archevêque d'Aix, &, à leur exemple, beaucoup de Bénéficiers, se permettoient l'exercice du nouveau rite dans leurs propres Eglises & dans les terres qui en dépendoient. Le Roi déclare que les lieux appartenants à l'Eglise, seront désormais exceptés du nombre de ceux où les prétendus Réformés pourroient faire leurs prêches. Sous prétexte d'interpréter d'autres articles, on mit de pareilles restrictions qui gênoient les nouveaux Evangélistes, tant pour la forme que pour les lieux des assemblées & l'exercice du ministere, surtout dans les environs de Paris; mais ce qui parut plus dur, fut une injonction générale aux Religieux & Religieuses qui avoient renoncé à leurs vœux, de rentrer dans leurs couvents, & de rompre les mariages illicites qu'ils avoient contractés, ou de sortir du Royaume.

Charles IX 1563.

Inutilité des plaintes des Calvinistes, & conduite du Prince de Condé.

Les Calvinistes se récrierent contre ces modifications, qu'ils accusoient de mauvaise foi. Ils inonderent le Royaume *d'apologies, de complaintes, de remontrances* au Roi, à la Reine, aux Seigneurs de leur parti, & surtout au Prince de Condé, qui, ayant stipulé l'Edit d'Amboise, sembloit garant des conditions; mais Condé, ennuyé de la guerre, dégoûté de l'intrigue, oublioit au sein des plaisirs la contrainte que lui imposoit auparavant la qualité de chef d'une faction grave & févere.

*Brantôme, Comment. L. VII, p. 17.*

Les mémoires du temps le représentent petit, mais bien pris dans sa taille; la tête belle, des yeux vifs, un air ouvert, enjoué, caressant, propre à donner de la tendresse & à en prendre. Après tant de soucis & tant d'alarmes, il sembloit respirer au milieu d'une Cour galante & empressée à lui plaire. La Reine le flattoit, le consultoit sur les affaires, & lui laissoit entrevoir l'espérance de remplacer le Roi de Navarre son frere dans la Lieutenance générale de l'Etat & dans le Royaume de Sardaigne. Comme Eléonore de Roye sa femme

CHARLES IX 1563.

mourut dans ce temps, on renouvella pour lui le projet de le marier avec Marie Stuart, Reine d'Ecosse. Ainsi libre d'inquiétudes, uniquement occupé d'idées agréables, Condé s'abandonnoit sans réserve au penchant d'un cœur trop sensible.

Deux femmes, entre les autres, se disputoient sa conquête : Marguerite de Lustrac, veuve du Maréchal de Saint-André, & la belle Limeuil, Isabelle de la Tour de Turenne. La veuve, dans l'espérance de l'épouser, lui donna la terre de Valleri, & les meubles magnifiques qui ornoient le château. Isabelle, flattée peut-être du même espoir, lui fit des sacrifices, dont les preuves trop publiques l'obligerent à quitter la Cour. Ce fut alors qu'on fit des vers (*a*) qui expriment le caractere du Prince, & des vœux que l'événement ne vérifia pas.

Les Catholiques, aussi mécontens de l'Edit d'Amboise, s'élevent contre.

Ces dispositions ne laissoient pas espérer aux Calvinistes grande ressource de sa part, pendant qu'au

(*a*) Ce petit homme si joli,
Qui toujours danse, chante & rit.
Et toujours baise sa mignone :
Dieu gard de mal le petit homme !

contraire les Catholiques trouvoient à la moindre plainte tous les secours nécessaires dans les Seigneurs de leur parti. Le Connétable, entr'autres, montroit une vivacité que la Religion seule ne lui inspiroit pas.

CHARLES IX 1563. Mém. de la Viellev. t. IV, p. 137.

Depuis qu'il avoit fait la paix & pris le Havre, il s'imaginoit qu'en reconnoissance de ses grands services, on ne pouvoit se dispenser de prendre son avis sur tout ce qui arrivoit; mais la Reine ne se croyant pas obligée à cette complaisance, le vieux Ministre ne put s'accoutumer à être regardé comme inutile : il laissa échapper quelques murmures, qui furent avidement recueillis par nombre de mécontents. Sa maison devint leur rendez-vous ordinaire; on y parloit ouvertement contre le gouvernement. Quoique la convention d'Amboise fût l'ouvrage du Connétable, il ne trouvoit pas mauvais qu'on frondât l'Edit, comme trop avantageux aux Calvinistes, en ce qu'il leur donnoit moyen de se multiplier à l'ombre de la paix; inconvénient qui ne seroit pas arrivé, disoit Montmorenci, si on eût suivi après l'Edit le plan de conduite qu'il

CHARLES IX 1563.

comptoit mettre en pratique. A l'entendre, il n'y avoit que la guerre qui pût remédier à tant de maux.

Complot affreux.

Ce fut sans doute pour en faire naître l'occasion, que le Connétable autorisa de son nom le projet d'un soulévement dans la capitale. Des gens apostés devoient ameuter la populace, l'engager à se jeter sur les Calvinistes, à les massacrer & à piller leurs maisons : plus de trois cents étoient proscrits, & leur arrêt de mort signé de la main du Connétable. La Reine avertie à propos, amena le Roi à Paris ; sa présence arrêta cet affreux complot : Montmorenci confus, se retira à Chantilli ; quelques-uns des complices les plus furieux, abandonnés du chef, furent pendus la nuit, sans forme de procès, aux fenêtres de leurs maisons, & les autres se dissiperent ; mais ce feu mal éteint continua à s'entretenir sous la cendre, & produisit dans la suite un incendie plus éclatant.

Réclamations contre l'Edit, & procédures du pape.

Ce que le Connétable entreprenoit dans la capitale contre les Calvinistes, Damville son fils le tentoit en Languedoc, Tavannes en Bourgogne, &

beaucoup d'autres Gouverneurs dans leurs provinces. A ces efforts, le Pape joignoit ses foudres, le Concile ses anathêmes, & les Princes étrangers leurs sollicitations, accompagnées de menaces notifiées par des ambassades solemnelles.

Les foudres du souverain Pontife tomberent sur les Prélats François qui avoient embrassé la Religion prétendue réformée, ou qui montroient un penchant public pour elle; savoir, Odet de Coligni, Cardinal de Châtillon, Evêque de Beauvais, marié, & vivant avec une Demoiselle de Normandie, nommée *Elisabeth de Hauteville*, qu'il faisoit appeller *Comtesse de Beauvais*; Saint-Romain, Archevêque d'Aix; Montluc, Evêque de Valence; Caraccioli de Troyes; Barbançon de Pamiers, & Guillart de Chartres; tous furent cités à Rome pour y rendre raison de leur Foi.

*Mém. de Condé, t. IV.*

Peut-être la Cour les auroit-elle abandonnés à leur sort, sans prendre leur défense, si Pie IV, dans la même procédure, n'eût enveloppé Jeanne d'Albret, Reine de Navarre. Elle fut aussi citée à Rome; & si elle ne com-

CHARLES IX 1563.

paroissoit dans l'espace de six mois, le Pape la déclaroit proscrite, comme convaincue d'hérésie, déchue de la Royauté, privée de ses Etats & Seigneuries, qui par la Bulle étoient donnés au premier occupant. On ne crut pas en France devoir pousser la patience jusqu'à souffrir un pareil attentat à l'indépendance des Souverains, & sur-tout d'une Reine si proche parente de Charles IX. L'Ambassadeur françois à Rome eut ordre d'en porter ses plaintes, & le Pape retira sa Bulle, qui n'eut aucun effet.

Fin du Concile de Trente. *Fra-Paolo, l. VI & VII.*

Il étoit alors fort occupé du projet de terminer le Concile de Trente. Nous avons vu qu'après bien des interruptions, pendant lesquelles, dit Fra-Paolo, *le Concile dormoit si profondément, qu'on ne savoit s'il étoit vivant ou mort :* il fut enfin repris sérieusement sous Pie IV. Toutes les Puissances, la France principalement, hâtoient sa fin par leurs vœux, pour avoir dans ses décisions comme un rempart contre les demandes faites ou à faire des nouveaux Evangélistes. Jusques-là quelques-unes de leurs prétentions avoient pu paroître admissibles, même à des Catholiques zélés. Telles étoient le mariage des Prêtres, la communion sous les deux especes, & d'autres points de discipline dont des Royaumes entiers sollicitoient l'établissement : mais les Evêques ne voulant point adopter des ménagements que dictoit la seule prudence humaine, repousserent d'une voix unanime les nouveautés qui cherchoient à s'introduire. Ils firent des Canons clairs & précis, qui ont désormais fixé d'une maniere invariable la Foi des Catholiques; & après vingt-cinq sessions, distribuées dans l'espace de vingt-une années, le Concile finit au commencement de Décembre.

1564. Négociation du Cardinal de Lorraine. *De Thou, l. XXXVI. Davila, liv. III.*

Le Cardinal de Lorraine y parut avec éclat : ce Prélat y fit preuve de capacité en plus d'un genre ; car il ne se borna pas aux affaires du Concile. Une pareille assemblée, où se trouvoient les Ministres de presque toutes les Puissances de l'Europe, offroit une trop belle occasion de négocier, pour que ce politique habile n'en profitât pas. Il forma avec la plupart des liaisons dont on reconnut le but par

Charles IX 1564.

la suite. Il conféra avec l'Empereur, s'aboucha avec le Pape ; & on croit que le premier effet des mesures concertées entr'eux, fut l'ambassade solemnelle qui vint en France au commencement de l'année de la part du souverain Pontife, du Roi d'Espagne & du Duc de Savoie.

Voyage du roi dans son Royaume, & ses motifs.

Comment. l. v. VII.

La Cour étoit à Fontainebleau, d'où le Roi s'apprêtoit à partir pour faire la visite de son Royaume. On raisonna beaucoup dans le temps sur le motif de ce voyage. Les prétendus Réformés, livrés à des alarmes toujours renaissantes, n'imaginoient rien que de funeste. Le but de Catherine, à ce qu'ils prétendoient, étoit de prendre connoissance de leurs forces, de traverser leurs correspondances, d'éventer leurs projets, afin de les miner insensiblement. La Reine disoit au contraire qu'elle n'avoit d'autre intention que de faire oublier au Roi, par la dissipation du voyage, l'horreur des guerres civiles, de le montrer à ses Sujets, de les attacher à lui, & d'obvier par-là à toute occasion de troubles par la suite. On ne s'occupoit à la Cour que de cet objet, & les

CHARLES IX 1564.

affaires, même les plus importantes, qui survenoient, étoient remises au retour, comme si tout eût dû s'accommoder dans l'intervalle.

Ambassade des Princes Catholiques. *Rec. de choses mém. tome III.*

Aussi les Ambassadeurs arrivés à Fontainebleau, n'eurent que des réponses vagues. Ils demanderent, entr'autres choses, que le Concile de Trente fût reçu en France; qu'on punît sans miséricorde les hérétiques; qu'on révoquât les graces qui leur avoient été accordées; enfin, que le Roi condamnât, comme criminels de leze-majesté, les auteurs & complices de l'assassinat du Duc de Guise. Charles les assura qu'il vouloit vivre dans la Religion de ses peres, qu'il étoit disposé à rendre justice à tous ses Sujets, & que sur le reste il écriroit à leurs maîtres.

Départ & marche de la Cour.

L'ambassade congédiée, la Cour songea à son départ; elle étoit leste & brillante: on ne parloit que de spectacles, de festins & des fêtes qu'on se promettoit: tout annonçoit un voyage de plaisir; presque point de troupes, & seulement ce qu'il en falloit pour la décence; beaucoup de Seigneurs, toute la Famille Royale,

CHARLES IX 1564.

les Filles d'honneur de la Reine, & la gaieté inséparable de ce cortege. Les peuples se rendoient en foule sur les chemins, & faisoient éclater par des acclamations leurs transports de joie: les villes offroient des entrées triomphantes, des feux d'artifice, des repas somptueux; chacun s'efforçoit de se surpasser en témoignages de respect & d'attachement pour le jeune Monarque. A son arrivée, les soupçons & la défiance, tristes apanages de l'ancienne discorde, disparoissoient; & la paix, encore ignorée en beaucoup de lieux, sembloit naître sous ses pas.

Premieres années de Henri IV. *Mém. de Condé, t. VI. Cayet.*

Entre ceux qui contribuerent à l'agrément du voyage, on remarque le jeune Henri de Bourbon, Prince de Béarn, fils du défunt Roi de Navarre, dont la vivacité & les saillies plaisoient merveilleusement à la Reine mere. Les premieres années de ce jeune Prince mériteroient peu d'attention, si cette enfance n'étoit celle de Henri IV, Roi dont le souvenir est si cher aux François. Il naquit à Pau, capitale du Béarn, l'an 1553. Henri d'Albret, son grand-pere, avoit fait un testament qu'il portoit dans une boîte d'or pendue par une chaîne à son col. Cet objet toujours présent, excitoit la curiosité de Jeanne d'Albret sa fille. Pendant sa grossesse, elle demandoit sans cesse à son pere la boîte & le testament. *Elle sera tienne*, lui dit un jour le vieux Roi, *mais que tu m'aies montré ce que tu portes; & afin que tu ne me fasses pas une pleureuse, ni un enfant rechigné, je te promets de te donner tout, pourvu qu'en enfantant tu chantes une chanson en Béarnois.* Jeanne se soumit à la condition; aux premieres douleurs, elle commença une chanson. Le vieillard averti, arrive, met la chaîne d'or & la boîte au col de sa fille, prend l'enfant tout nu dans un pan de sa robe, & s'en va en disant: *Voilà qui est à vous, ma fille, mais ceci est à moi.* La premiere nourriture qu'il prit fut de la main de son grand-pere, *qui lui donna un cap d'ail, dont il lui frotta les levres, & voyant qu'il suçoit, il lui présenta du vin dans sa coupe.*

L'éducation du jeune Henri répondit à ces commencements. Cayet, dont nous tirons ces particularités, fut

CHARLES IX 1564.

son précepteur. Pour la science & les connoissances, on l'éleva en Prince; *mais en sorte qu'il étoit duit au labeur, & mangeoit souvent du pain commun, & a été vu, à la mode du pays, parmi les autres enfants du village, quelquefois pieds déchaux & nu tête, tant en hiver qu'en été.* Cette liberté donna dès le bas âge à ses propos & à ses actions un air d'aisance & de franchise, dont la Cour s'amusoit d'autant plus, que ces qualités y sont rares. La Reine mere vouloit toujours l'avoir auprès d'elle, *à cause de sa gentillesse;* enfin, ses graces naturelles le faisoient aimer, en même temps que l'horreur d'une conspiration à laquelle il venoit d'échapper le rendoit intéressant.

Affreuse conspiration contre lui & sa mere. *Mém. de Villeroi, t. II, p. 339.*

On ignore si elle fut tramée par des Espagnols ou des François; mais des mémoires non suspects autorisent à croire que Montluc, Gouverneur de Guyenne, & quelques autres chefs Catholiques, eurent connoissance du complot. Le but étoit d'enlever la Reine de Navarre & son fils, & de les remettre entre les mains du Roi d'Espagne. On ne sait ce que Philippe auroit fait de ces prisonniers ; mais il y avoit tout à craindre pour la mere & pour le fils, de la part d'un Prince sanguinaire, accoutumé à faire servir la Religion de prétexte à ses usurpations & à ses cruautés, & qui prétendoit avoir, par les Bulles du Pape, un droit acquis sur leur Royaume. Une complication d'événements, qui tient du miracle, fit échouer le projet : les indices en vinrent en France par Elisabeth, Reine d'Espagne. A la premiere connoissance de cette trahison, tremblante pour la vie de la Reine de Navarre, sa proche parente, elle lui en fit donner avis, ainsi qu'à la Reine mere. Catherine auroit pu faire arrêter & punir les coupables ; mais on craignit d'en trop apprendre, & on se contenta d'avoir rompu l'entreprise, sans s'embarrasser dans des recherches que la qualité & le nombre des criminels pouvoit rendre dangereuses.

Négociations de la Reine mere en Allemagne.

La vie de la Reine mere auroit été bien pénible, environnée comme elle étoit de pieges, & forcée de se précautionner sans cesse contre les amis

CHARLES IX 1564.

& les ennemis, si elle-même n'eût eu un génie d'intrigue qui ne lui permettoit pas de rester tranquille: son esprit travailloit toujours, & toujours en mouvement, elle y mettoit tous les autres.

Les premiers pas du Roi furent dirigés vers la Lorraine, où il devoit tenir sur les fonts de baptême un enfant de la Duchesse. Pendant que la Cour ne s'y occupoit que de fêtes, Catherine, par elle-même ou par ses envoyés, remuoit les Princes d'Allemagne, voisins de la frontiere: elle ne leur demandoit que de s'engager à ne point laisser passer comme auparavant en France leurs soldats au secours des Calvinistes, & elle offroit de payer cette complaisance. Le Duc de Wirtemberg, le Comte Palatin du Rhin, & le Duc de Deux-Ponts, la refuserent, disant qu'ils vouloient se maintenir dans le droit d'aider leurs amis: au contraire, le Marquis de Bade, & quelques autres, accepterent ses offres, & s'engagerent de plus même à lui fournir des gens de guerre: par-là, Catherine fut sûre d'avoir, d'avoir, en cas de besoin, Allemands contre Allemands.

CHARLES IX. 1564. La Cour en Bourgogne. *Mém. de Tavannes, p. 281.*

Le Roi marcha ensuite vers les parties méridionales de la France. Ces provinces hérissées de fort châteaux, pleines de grandes villes, habitées par des peuples belliqueux, avoient, pendant la derniere guerre, fourni aux Calvinistes des boulevards sûrs & de braves soldats. Catherine voulut montrer son fils à cette noblesse, gagner les plus redoutables, & s'assurer des villes. On prit par la Bourgogne, où Tavannes commandoit: Tavannes, génie profond, Général habile, formidable aux hérétiques, qu'il avoit défaits en plusieurs combats. Il aborda le Roi avec une noble assurance, & lui dit pour toute harangue, mettant la main sur son cœur: *Sire, ceci est à vous;* puis la portant sur la garde de son épée: *Et voici de quoi vous servir.* En plusieurs conversations, la Reine sonda sa capacité, s'assura de sa discrétion, & le marqua entre ceux à qui elle pourroit désormais confier ses secrets & ses armes.

Edit de Roussilon.

La Cour marchoit avec une pompe qui ne montroit rien que de pacifique.

CHARLES IX
1564.
*Pasquier, tom. IV.*

A l'approche du Roi, les fortifications suspectes tomboient comme d'elles-mêmes ; des citadelles s'élevoient pour tenir en bride les grandes villes ; en même temps paroissoient des Edits toujours interprétatifs, ou plutôt, disoient les Réformés, destructifs de l'Edit d'Amboise. Tel fut celui de Roussillon, donné le 4 Août : le Roi y déclaroit que la liberté donnée aux Gentilshommes, de faire le prêche publiquement dans leurs terres, ne devoit s'étendre qu'à leurs domestiques & à leurs vassaux : il défendoit de faire aucune collecte, même pour la subsistance des Ministres, & il renouvelloit l'injonction aux Prêtres, Religieux & Religieuses mariés, de reprendre leur ancien état, ou de sortir du Royaume.

Les prétendus Réformés se plaignirent. Le Prince de Condé, de sa terre de Valleri, où il passoit son temps dans les plaisirs, adressa au Roi une longue remontrance. On lui donna quelques raisons peu satisfaisantes, à la fin desquelles Sa Majesté ajoutoit qu'elle pensoit bien que jamais il n'étoit venu dans l'esprit au

Prince de Condé qu'il eût le droit de gouverner les volontés du Roi.

CHARLES IX 1564.

Négociation de la Reine en Italie.

Le Duc de Savoie sachant le Roi si près de ses frontieres, vint le saluer. Les personnes désintéressées ne virent dans cette démarche qu'une politesse; les autres remarquerent des pour-parlers & des entrevues secrettes avec la Reine. La curiosité fut bien plus éguisée à Avignon, ville appartenante au Pape. Les honneurs y furent faits par le Vice-Légat; mais le souverain Pontife y avoit envoyé, au desir de la Reine, un Florentin, son confident intime, qui traitoit les affaires, tandis que les Ministres publics pourvoyoient aux plaisirs.

Pendant la dure saison de l'hiver, la Cour se promena dans la Provence & le Languedoc, où le froid est ordinairement moins vif & moins long. On n'erroit cependant pas au hasard; toutes les marches tendoient au but qui avoit été annoncé avec ostentation dès le commencement du voyage. C'étoit l'entrevûe du Roi avec Elisabeth, Reine d'Espagne, sa sœur, qui se fit au milieu de l'année suivante.

CHARLES IX 1565.

Affront fait à Paris au Cardinal de Lorraine.

*De Thou, l. XXXVII.*

*Davila, liv. III.*

*Rec. de choses mémor. tome III.*

*Mém. de Condé, t. I. & III.*

*Lett. d'un Gentilhomme de Hainault.*

*Réponse.*

*Désaveu.*

*Faits & dits mémorables.*

Il y eut en Janvier, dans la capitale, une espece de combat remarquable seulement par la qualité des champions, qui furent François de Montmorenci, Gouverneur de Paris, fils du Connétable, & le Cardinal de Lorraine. Celui-ci, à son retour de Trente, sous prétexte des embûches que ses ennemis lui dressoient, comme au défunt Duc son frere, avoit obtenu une permission de prendre des gardes. Soit que sa crainte durât toujours, soit vanité, non content de sa garde ordinaire, le Cardinal, prêt de venir à Paris, manda ses parents & amis, dont il se fit une grosse escorte, avec laquelle il comptoit entrer d'une maniere triomphante dans la capitale. Montmorenci l'ayant su, se prépara à lui faire un affront : cependant, pour mettre les apparences de son côté, le Gouverneur se transporta au Parlement, & y dit qu'il avoit eu nouvelle que quelqu'un se disposoit à venir à Paris avec des gens armés ; que si cela arrivoit, il le repousseroit à force ouverte. Ces menaces furent rapportées au Cardinal, qui n'en tint compte.

Il s'approche au contraire, entre hardiment : le Gouverneur lui fait dire par des Hoquetons, de la part du Roi, de renvoyer ſa troupe ; le Prélat n'en avance pas moins : Montmorenci ſe préſente lui-même bien ſoutenu ; on tire de part & d'autre ; quelques-uns des plus avancés ſont étendus ſur le pavé : le Cardinal ſaute à bas de ſon cheval, s'enfonce dans une boutique, & de maiſon en maiſon gagne ſon hôtel pendant la nuit.

CHARLES IX 1565.

Il fallut enſuite en venir à des explications. Le Cardinal dit qu'il avoit permiſſion de marcher avec des gardes : il devoit la montrer, répondit Montmorenci, qui le ſavoit bien, mais qui vouloit humilier le Prélat ; enfin, celui-ci ſentant bien qu'il n'étoit pas le plus fort, ſe retira dans ſon Dioceſe.

On parla diverſement de cette aventure ; le Prince de Condé lui-même dit : *C'eſt trop peu, ſi ce n'eſt pas un jeu, & trop, ſi c'en eſt un.* Il avoit alors des égards pour le Cardinal, qui le prévenoit de déférences : on croit même que dans une viſite, le Prélat propoſa au Prince d'épouſer

*Rec. de choſes mémor. t. III, p. 833. Mém. de Condé. Journ. de Brulart, tome I.*

CHARLES IX 1565.

Anne d'Est, veuve du Duc de Guise son frere, très-belle personne, de beaucoup d'esprit, & fort propre à rétablir la bonne intelligence entre les deux maisons : mais si Condé ouvrit dans le moment l'oreille aux propositions flatteuses du Cardinal, ce ne fut pas pour long-temps.

Le Duc d'Aumale, frere du Prélat, étoit entré en même temps que lui dans Paris, mais par une autre porte. Outré de l'insulte qu'il n'avoit pu prévenir, il en étoit sorti la rage dans le cœur, & rodoit avec des troupes dans les environs, écrivant lettres sur lettres à ses partisans pour les rassembler. Montmorenci instruit de ces mouvements, crut devoir prendre aussi ses précautions ; il écrivit de son côté : à sa premiere requisition arriverent l'Amiral de Coligni, le Cardinal de Châtillon, dont les conseils pouvoient être d'un grand secours, d'Andelot leur frere, tous bien accompagnés ; le Prince de Condé vint aussi se rejoindre à ses anciens amis, & fit faire le prêche dans son hôtel : le Parlement lui en porta ses plaintes, comme d'une infraction à l'Edit d'Amboiſe ; & tout finit par un ordre du Roi, qui commanda à chacun de renvoyer ſes troupes & de demeurer en repos, ce qui s'exécuta.

CHARLES IX 1565.

Cette année ne fut point heureuſe pour le Cardinal de Lorraine. Il poſſédoit, à titre d'adminiſtrateur, le temporel de l'Evêché de Metz, & il avoit mis dans ce pays, à la tête de ſes recettes & de ſes affaires, un Eſpagnol nommé Salcede, en qui il avoit pleine confiance. Comme ſes terres eccléſiaſtiques n'étoient pas reſpectées par les maraudeurs Allemands, quoiqu'elles fuſſent munies de ſauve-gardes de France, le Cardinal en demanda à l'Empereur ; il les obtint, & voulut les faire publier. Salcede, qui ne manquoit pas d'ambition, croyant avoir trouvé la plus belle occaſion de ſe faire valoir, renvoie au Cardinal ſon argent, ſes papiers, renonce aux droits qu'il tenoit du Prélat, s'intitule hautement Commandant pour le Roi dans ce pays, & en cette qualité défend de publier les ſauve-gardes d'un Souverain étranger. Le Cardinal piqué, leve des troupes pour réduire Salcede, em-

Guerre cardinale.
*Mém. de Condé.*
*Journ. de Brulart, tome I.*
*Sat. Ménip. tome. III.*
*Dupleix, tome II.*

CHARLES IX 1565.

prunte du canon au Duc de Lorraine, & met le siege devant le château de Vic, où Salcede avoit renfermé ses effets les plus précieux ; ils furent pris & pillés : cette affaire vint à la Cour. Quoiqu'on ne fût pas mécontent de la fermeté de Salcede, on lui donna ordre de mettre bas les armes ; mais on ne le blâma pas d'avoir empêché la publication des sauve-gardes, qui furent supprimées.

Voilà ce qu'on appelle *la guerre cardinale*, qui fit dans le temps un si grand bruit, que les Calvinistes voulurent faire passer pour une révolte ouverte contre le Roi, & qui n'étoit au fond, de la part de Salcede, qu'une bravade, & de la part du Cardinal une pique de point d'honneur. La Cour n'y vit rien de dangereux ; elle n'en montra pas la moindre inquiétude, toute occupée qu'elle étoit des plaisirs qu'occasionnoient à Bayonne l'entrevue du Roi & d'Elisabeth d'Espagne sa sœur.

Entrevue de Baïonne. *Rec. de chc-ses mémor.*

Cette Princesse, que les Historiens s'accordent à nous représenter comme douée de toutes les qualités qui concilient l'amour & le respect, avoit d'abord été destinée à Don Carlos, Prince d'Espagne. La femme de Philippe II mourut. Victime des raisons d'État, Elisabeth passa dans les bras du pere, sans peut-être oublier les sentiments qu'elle avoit voués au fils. Ce souvenir trop présent, & l'humeur sombre du vieil époux, inonderent d'amertume une vie qui s'écoula dans le chagrin, & finit, à ce qu'on croit, par le poison.

Depuis son mariage, Elisabeth n'eut de beaux jours que ceux qu'elle passa à Bayonne auprès de sa mere & de sa famille, au milieu d'une noblesse avec qui elle avoit vécu, & qui, par ses empressements, s'efforçoit de faire renaître dans son cœur flétri quelques germes de la gaieté françoise qu'elle avoit autrefois partagée. Jamais la Cour ne fut plus brillante en habits, équipages & ornements de toute espece : il y eut des bals, des festins, des tournois, & tous les divertissements dont étoit susceptible une entrevue, qui ne sembloit ménagée que pour donner & prendre du plaisir.

Mais dans cette assemblée toute

CHARLES IX 1565. *Mém. de Condé, tome VI.* *D'Aubigné, t. I, l. IV.* *Matthieu, liv. V.*

livrée à la joie, il y avoit un homme qui conseilloit des massacres, & méditoit des assassinats; c'étoit le fameux Ferdinand Alvarès de Tolede, Duc d'Albe, digne confident de Philippe II. La Reine conféroit fréquemment avec lui. A en juger par quelques paroles échappées que le jeune Prince de Béarn recueillit, leurs entretiens rouloient sur la maniere dont il falloit s'y prendre pour détruire les Calvinistes. Sans doute la Reine opinoit à ménager les chefs. *Dix mille grenouilles*, répondit le politique Alvarès, *ne valent pas la tête d'un saumon.* Parole que Catherine mit à profit.

Retour de la Cour.

Les fêtes finies, Elisabeth repassa en Espagne, & le Roi partit pour Nérac, en Gascogne, séjour ordinaire de Jeanne d'Albret, Reine de Navarre. Moitié gré, moitié force, Charles rétablit dans ces pays l'exercice de la Religion Catholique, que cette Princesse avoit détruit; mais il ne put l'engager à la reprendre elle-même. Jeanne ne se défendit point de suivre la Cour dans son retour au centre du Royaume.

En chemin, le Roi la combloit d'amitiés, ainsi que son fils ; mais il lui montroit avec dépit les Monasteres renversés, les Eglises ruinées, les croix abattues, les statues des Saints mutilées, les campagnes semées d'ossements arrachés des tombeaux, les villes démantelées, & les traces presqu'encore fumantes des incendies allumés dans la derniere guerre. C'étoit en dire beaucoup pour la Reine de Navarre, attachée à la nouvelle Religion jusqu'au martyre, s'il eût été nécessaire. Elle ne répondoit rien ; mais les paroles de Charles se gravoient dans son cœur, & lui donnerent du Roi & de sa mere une défiance que les plus belles apparences ne purent jamais surmonter.

Enfin on arriva à Blois au commencement de l'hiver : la plupart des Seigneurs du cortege, fatigués d'un si long voyage, regagnerent leurs châteaux ; la Cour ne songea qu'à prendre du repos, & toutes les affaires qui survinrent furent renvoyées à l'assemblée convoquée à Moulins pour le commencement de l'année 1566.

CHARLES IX 1566. Assemblée de Moulins. *De Thou, l. XXXIX. Davila, liv. III.*

On y invita les Princes du sang, beaucoup de Cardinaux, d'Evêques, les Chevaliers de l'Ordre, les Seigneurs les plus distingués, & les chefs de tous les Parlements. Charles y dit qu'il n'avoit parcouru son Royaume que pour recevoir les plaintes de ses Sujets, découvrir les désordres & y remédier, & il pria l'assemblée de concourir avec lui à ce but.

Le Chancelier de l'Hôpital étendit le discours au Roi, & proposa un réglement plein de prudence & de modération, sur plusieurs points de jurisprudence non encore fixés. On en forma le fameux Edit de Moulins: quant aux disputes qui partageoient le Royaume, & qui auroient dû attirer toute l'attention de l'assemblée, il n'en fut question que pour confirmer en général les Edits donnés à ce sujet, & pour recommander la paix.

Réconciliation des Puises & des Châtillons. *Mém. de Condé, tome II & IV.*

On crut la cimenter d'une maniere invariable, en amenant les deux maisons de Guise & de Châtillon à une réconciliation si éclatante, qu'ils ne pussent plus s'en dédire. Lorsqu'on fit la paix d'Amboise, le Prince de Condé avoit juré que l'Amiral n'étoit point coupable de l'assassinat du Duc de Guise, se donnant pour garant de son innocence. Ce n'étoit pas assez pour effacer les soupçons des personnes intéressées; aussi ne renoncerent-elles pas au droit d'en tirer vengeance. Antoinette de Bourbon, mere du défunt, & Anne d'Est sa veuve, commencerent par implorer le secours des loix. On les vit en longs habits de deuil, suivies de leurs femmes, couvertes de grands crêpes, *déployant*, suivant l'expression d'un Poëte, *toute la majesté de la douleur*, traverser Paris d'un pas grave & dans un morne silence, qui n'étoit interrompu que par des soupirs & des sanglots: autour d'elles étoient les amis & les partisans des Guises, mandés à cet effet. La troupe funebre s'avança vers le Louvre, & se prosterna aux pieds du Roi, demandant justice. Charles reçut les suppliants avec bonté, & permit d'entamer l'affaire au Parlement; mais comme l'aigreur s'en mêloit, il l'évoqua au Conseil, & ordonna le silence pour trois ans.

Lucain.

Le terme expiroit cette année: on crut donc devoir profiter de l'assem-

CHARLES IX 1566.

blée de Moulins, non pour juger, mais pour accommoder les parties. A force de pour-parlers, de mouvements, de sollicitations, dont le détail étonneroit, on convint enfin qu'après le serment fait par l'Amiral, qu'il n'étoit ni auteur ni complice du meurtre, la veuve & le Cardinal de Lorraine diroient qu'ils le croyoient innocent; qu'on s'embrasseroit, & qu'on promettroit de ne plus conserver aucun ressentiment. Les choses se passerent selon la convention; mais Henri, fils aîné du défunt, trop jeune pour contredire, montra, du moins à son air froid, qu'il ne prenoit aucune part à la cérémonie. Il en arriva que l'assemblée à peine finie, le Duc d'Aumale, en présence de la Reine, eut l'audace de défier les Coligni à un combat singulier; & ceux-ci se plaignirent ouvertement que les Lorrains vouloient les faire assassiner & empoisonner.

*Vie de Coligni, l. IV.*

La même sincérité présida au raccommodement du Duc de Montmorenci & du Cardinal de Lorraine, brouillés par l'affront dont on a parlé. Le Prélat assura que s'il n'avoit pas montré les ordres du Roi qui l'autorisoient à avoir des gardes, ce n'étoit point par mépris pour le Gouverneur; & Montmorenci déclara que dans ce qui s'étoit passé il n'avoit eu en vue que de faire son devoir, & non d'offenser le Cardinal. Ils s'embrasserent aussi, & se promirent amitié. Tel fut, pour ainsi dire, le premier acte des intrigues qui remplirent les années 1566 & 1567, & qui aboutirent enfin à un dénouement funeste.

CHARLES IX 1566.

1566-67.

Disposition des esprits avant la deuxieme guerre. *De Thou, l. XXXIX. & XLII. Davila, liv. III. & IV.*

Pour se former une idée des dispositions générales qui amenerent les événements suivants, il faut se représenter les Catholiques, autrefois seuls dominants en France, regardant en conséquence comme un attentat à des droits sacrés, le moindre privilege accordé aux Calvinistes. Ceux-ci, quoique nouveaux, s'indignoient de n'être point en tout traités comme les anciens, & aspiroient ouvertement à l'égalité. Le Roi, outré de leurs prétentions, dissimuloit cependant par politique; mais, jeune comme il étoit, il ne pouvoit s'empêcher de laisser entrevoir son ressentiment: imprudence, qui rendoit les menacés

CHARLES IX 1566-67.

attentifs. Enfin, la Reine mere se persuadoit qu'à force d'artifices, & même d'impostures, elle viendroit à bout de fermer les yeux à une multitude de gens clairvoyants, intéressés à la pénétrer : en conséquence, elle couvroit finesse par finesse, toujours s'enveloppant, toujours décelée, & à la fin surprise. En joignant à cela les haines personnelles, l'ambition & les autres passions par lesquelles les hommes se laissent ordinairement gouverner, on aura le nœud des aventures qui conduisirent à la derniere catastrophe.

Il ne faut pas s'imaginer que le zele des Calvinistes, même des chefs, pour leur Religion, ne fût, comme autrefois, qu'un masque emprunté pour couvrir d'autres vues. Ce qui, lors de la conjuration d'Amboise, n'étoit que mécontentement & rivalité de gouvernement, devint, après l'entreprise de Fontainebleau, persuasion & conviction entiere, par la contagion de l'enthousiasme qui gagna les Confédérés. Il en fut de même des Catholiques : les plus froids auparavant, devinrent plus ardents pour les pratiques extérieures de leur Religion, dans la crainte d'être confondus avec les Sectaires. Aussi voyoit-on des deux côtés une réforme qui auroit produit d'excellents fruits, si elle n'avoit eu pour principe que le desir de procurer le bien. On s'abstint, même à la Cour, de servir en gras les jours prohibés ; & la Reine chassoit celles de ses filles qui n'approchoient pas des Sacrements à Pâques. Les Calvinistes alloient encore plus loin ; ils faisoient pendre les adulteres : ce qui fit dire en plaisantant aux courtisans, que, n'y eût-il que cette raison, ils n'embrasseroient jamais une Religion dans laquelle on pendoit les gens pour une galanterie. Ce fut aussi sur les représentations réitérées des Ministres, & pour l'édification de son parti, que le Prince de Condé, dont le veuvage avoit été peu réglé, prit enfin la résolution de se remarier, & épousa la sœur du Duc de Longueville.

Premiers germes de la Ligue.
*De Thou, l. XXXVII. Montluc, liv. VI, p. 430.*

La jalousie entre les deux Religions ne se borna pas à l'émulation d'une plus grande régularité : elles chercherent à s'appuyer l'une contre l'autre de la force des confédérations & des

CHARLES IX 1566-67. *Rec. de choses mémor. t. III, p. 694.*

serments. Depuis long-temps la Romaine entretenoit dans son sein des associations connues sous le nom de *confrairies*. Elles avoient des lieux & des jours d'assemblée fixés, une police, des repas, des exercices, des deniers communs. Il ne fut question que d'ajouter à cela un serment d'employer ses biens & sa vie pour la défense de la Foi attaquée. Avec cette formule, les confrairies devinrent comme d'elles-mêmes dans chaque ville, des corps de troupes prêtes à agir au gré des chefs, & leurs bannieres, des étendards militaires. La multitude réunie, se trouva plus hardie : contradictions, railleries, dédains, entre personnes de différentes Religions, on ne se souffrit plus rien : de-là des émeutes & des massacres par toute la France.

La manie des associations saisit aussi la Noblesse & les grands Seigneurs. Il y eut de ces ligues particulieres qui envelopperent des Provinces entieres. Pendant le voyage du Roi on en découvrit une, dont Louis de Bourbon, Duc de Montpensier, les Guises & les plus grands du Royaume étoient chefs. La Reine, à la vue de cette nouveauté, assembla un conseil extraordinaire. La plupart des Confédérés y furent mandés ; & tous néanmoins jurerent & signerent qu'ils n'avoient point trempé dans ces complots, qu'ils les abhorroient, & que jamais ils ne prendroient les armes que par le commandement de Sa Majesté.

Ces protestations ne rompirent point des liaisons qu'on croyoit fondées sur de si bons motifs : elles prévalurent même bientôt sur toutes les autres. Les freres se séparerent des freres, les peres des enfants, & on vit les familles déchirées par le même schisme qui divisoit l'Etat.

A l'égard des Calvinistes, comme s'ils eussent été en pays ennemi, ils avoient des signaux d'intelligence, des mots de ralliement, des rôles de recrues & de recette, des routes tracées, des entrepôts marqués, des magasins d'armes, & tout ce qui est nécessaire pour faire éclater au premier ordre un soulévement général. C'est avec ces précautions que les chefs attendoient l'effet des projets qu'ils croyoient concertés contre eux.

Charles IX
1566-67.

Ils entretenoient outre cela, dans les Etats Protestants & Catholiques, des envoyés publics ou secrets, chargés d'éclairer les Ministres du Roi, de traverser leurs négociations, s'il étoit nécessaire, ou d'en entamer à leur avantage. Enfin, de temps en temps ils faisoient à la Cour, tantôt des propositions raisonnables, tantôt des demandes outrées, afin de juger par la réponse, des dispositions cachées : ensuite, sous prétexte de divertissements ou de simples visites, ils se rassembloient dans des châteaux, & y prenoient en commun des résolutions, toujours couvertes du voile du mystere.

Etat de la Cour.

Après l'assemblée de Moulins, le Roi congédia les Seigneurs qui la composoient, dans la crainte que leur présence n'occasionnât de nouvelles brouilleries : on ne retint que le Cardinal de Lorraine & le Maréchal de Montmorenci. Mais comme si la chaleur des factions se fût concentrée dans ces deux têtes, ils étoient toujours d'avis opposés ; de sorte que le Conseil dégénéroit en des altercations souvent très-aigres. Afin d'y remédier, la

Reine fit régler qu'en l'absence du Roi le Duc d'Anjou, son frere, y présideroit. Elle se servoit volontiers du nom de ce jeune Prince, pour parer aux inconvénients qui survenoient, en attendant qu'elle eût trouvé d'autres expédients. Ainsi le Prince de Condé demandant la Lieutenance générale du Royaume, comme l'avoit eue le Roi de Navarre son frere, on lui répondit qu'elle étoit promise au Duc d'Anjou. Anne de Montmorenci vouloit aussi obtenir la survivance de la charge du Connétable, pour le Maréchal son fils : on lui dit que puisque le Roi avoit dessein de faire son frere Lieutenant-Général, il n'étoit pas besoin d'un Connétable. Cependant, afin d'adoucir l'amertume du refus, la Reine gratifia Montmorenci d'une somme d'argent considérable. Ainsi, les finances du Roi alloient à des arrangements de bienséance (*a*).

(*a*) Le Maréchal de Cossé Gonnor ayant été fait Surintendant des finances; sa femme, qui n'étoit jamais sortie de sa Province, obtint de son mari, après un an de sollicitations, de venir voir la Cour. Dans la conversation, il lui échappa de tenir ce propos à la Reine, en présence de tous les Courtisans : *Ma foi*

CHARLES IX 1566-67.

Egards de la Reine pour les Calvinistes.

Il paroît que Catherine n'étoit point scrupuleuse sur les moyens, quand elle espéroit s'épargner des embarras par quelques égards. Le Cardinal de Châtillon ressentit les effets de cette humeur accommodante : son état dans le Royaume étoit un scandale perpétuel. Evêque, Cardinal, & marié, tantôt habillé en ecclésiastique, tantôt en laïque, son exemple pouvoit devenir d'une pernicieuse conséquence. Il fut prié de se démettre du titre de ses bénéfices, & on lui en conserva le revenu. Cette condescendance, contraire aux canons, alarma la Cour de Rome, & la Reine fut obligée d'envoyer un Ambassadeur rassurer le Pape. Ainsi elle étoit sans cesse réduite à cette fâcheuse extrêmité, de ne pouvoir faire une démarche sans blesser les uns ou les autres.

Aigreur du Roi contre eux.

Elle avoit souvent bien de la peine à contenir le Roi son fils, quoiqu'il fût dissimulé au-delà de son âge. A

---

*Madame, nous étions ruinés sans cela; car nous devions cent mille écus. Dieu merci, depuis un an nous en sommes acquittés, & si avons gagné encore plus de cent mille écus, pour acheter quelque belle terre. Oh! Madame la sotte, reprit Gonnor, vous vuiderez d'ici, & n'y reviendrez jamais.* Brantôme.

la vue des nouvelles prétentions que montroient tous les jours les prétendus Réformés, il ne pouvoit s'empêcher quelquefois de témoigner de l'impatience. *Il n'y a pas long-temps*, dit-il un jour à l'Amiral, *que vous vous contentiez d'être soufferts par les Catholiques, maintenant vous demandèz à être égaux ; bientôt vous voudrez être seuls & nous chasser du Royaume.* Il n'y avoit point de replique à cette observation ; aussi l'Amiral ne répondit-il rien, & se retira comme un homme confondu, mais qui pour cela ne renonce pas à ses projets. Quant au jeune Charles, il s'en alla, bouillant de colere, dans la chambre de sa mere, & lui dit devant le Chancelier : *Le Duc d'Albe a raison ; des têtes si hautes sont dangereuses dans un Etat : l'adresse n'y sert plus de rien, il faut en venir à la force.* La Reine parvint difficilement à le calmer, en lui faisant sentir le danger de trop se découvrir.

Sa réponse ferme aux Ambassadeurs Protestants.

Il venoit de montrer la même vivacité aux envoyés des Princes Protestants d'Allemagne, dont les Calvinistes de France avoient comme mendié

CHARLES IX 1565-67.

une ambassade, autant pour faire montre de leur crédit, que pour obtenir quelque nouveau privilege. Les envoyés, instruits auparavant par l'Amiral, après avoir fait au Roi, de la part de leurs maîtres, les protestations du plus sincere attachement, & d'un vrai desir de vivre en paix, lui demanderent liberté entiere de conscience par-tout le Royaume, sans exception de temps, de lieux ni de personnes. Charles, si outré d'indignation qu'à peine pouvoit-il parler, leur répondit en frémissant : *Je conserverai volontiers l'amitié de vos Princes, quand ils ne se mêleront pas plus des affaires de mon Royaume, que je ne me mêle de celles de leurs Etats;* & après un moment de silence, il ajouta d'un ton de dépit : *Je suis vraiment d'avis de les prier aussi de laisser prêcher les Catholiques, & dire la messe dans leurs villes.* Catherine, suivant sa politique ordinaire, pour tâcher de faire oublier à ces envoyés la fermeté de la réponse, leur fit de grands honneurs, & les combla de présents.

Haine des prétendus Réformés

Malgré ces ménagements, c'étoit à elle que les zélés Calvinistes en vouloient

loient davantage. Il parut au commencement de l'année 1567, un livre, qu'on ſoupçonna avoir été fait par un Miniſtre nommé *Roziere*, dans lequel on liſoit cette maxime abominable : *Il eſt loiſible de tuer un Roi & une Reine qui réſiſtent à la réformation de l'Evangile.* Catherine ſortant de ſa chambre pour aller à la meſſe, trouva à ſes pieds une lettre, dans laquelle on lui diſoit que ſi elle n'accordoit le libre exercice de la Religion Réformée, elle ſeroit traitée comme le Duc de Guiſe & le Préſident Minard. On l'exhortoit en conſéquence à craindre la colere de Dieu & le déſeſpoir des hommes. La Reine, ſans s'effrayer, continua d'aller à ſon but par des détours dont elle ſe flattoit de dérober la connoiſſance juſqu'au dernier moment.

CHARLES IX
1566-67.
contre la Reine.
*Dupleix, tome III.*

CHARLES IX 1567.

# LIVRE III.

La Reine mere veut surprendre les Réformés. Pasquier, liv. V, let. 3.

ON *avoit*, dit Pasquier, *plus ôté aux Huguenots par des Edits pendant la paix, que par la force pendant la guerre;* mais leur défiance faisoit connoître que pour frapper sûrement le dernier coup, il faudroit en venir à quelques éclats : Catherine y paroissoit déterminée ; tout son embarras étoit de lever des soldats, sans que les Calvinistes prissent de nouvelles alarmes : une circonstance étrangere, habilement saisie, en fournit les moyens.

Ses mesures

Le Roi d'Espagne, voulant continuer la guerre dans les Pays-bas contre ses peuples révoltés, résolut d'y faire passer, au commencement de 1567, une forte armée, commandée par le Duc d'Albe : il marqua sa route par la Savoie & les lisieres de la Lorraine les plus voisines de la France. A cette nouvelle, qu'on eut soin de grossir du bruit que le Roi d'Espagne suivroit en personne, la Reine montra les plus grandes craintes, que cette armée approchant des frontieres, ne tentât quelqu'expédition contre le Royaume. On assembla un Conseil, auquel Catholiques & Protestants furent appellés sans distinction : il y fut résolu, d'une voix unanime, qu'il falloit se tenir en garde, & garnir de troupes les provinces exposées.

En conséquence, Catherine donne les ordres avec la plus grande promptitude : on remet sur pied les anciennes compagnies, il s'en forme de nouvelles ; on emprunte de tous côtés, & la Cour leve six mille Suisses, qui se mettent aussi-tôt en marche. Pour donner encore mieux le change, la Reine envoie en Espagne l'Aubespine, Secretaire d'Etat, avec ordre de sonder les dispositions de cette Cour, & d'engager Philippe à éloigner son armée ; mais on avoit auparavant eu soin d'y dépêcher secrétement un pere Hugues, Religieux de St. François, qui instruisit le Roi d'Espagne de cette manœuvre, & qui, pour accréditer les idées qu'on vouloit inspirer aux Calvinistes, procura à l'Aubespine une réception publique peu agréable.

CHARLES IX. 1567.

Le Prince de Condé & ses Confédérés proposerent en cette occasion d'armer les Réformés ; offre qui déplut au Roi, parce que c'étoit lui dire que ses Sujets se croyoient assez puissants pour faire prendre les armes dans ses Etats. On les remercia ; & loin de profiter de leur bonne volonté, les commandements qu'ils auroient pu prétendre dans ces levées, par leurs charges & leur naissance, furent donnés à des Catholiques dont la Cour étoit sûre : elle leur fit aussi, pour les dignités & les gouvernements qui vinrent à vaquer, des passe-droits qui les piquerent vivement.

Le dessein est découvert

Dans cet intervalle, le Duc d'Albe passa sans aucune marque de mécontentement de la part de la France ; au contraire, on lui fournit obligeamment des vivres & les autres secours dont il eut besoin. Les troupes levées, à ce qu'on publioit, uniquement pour l'observer, ne furent point congédiées, & les six mille Suisses continuerent à s'avancer vers le centre du Royaume, sous la conduite du Colonel Pfiffer, très-habile Général : enfin les Seigneurs Calvinistes eurent un avis certain, donné, dit Davila, par un des principaux Seigneurs de la Cour, qu'il avoit été tenu un conseil secret, dans lequel on avoit résolu d'arrêter le Prince de Condé & l'Amiral; de confiner le premier dans une prison perpétuelle, & de se défaire de l'autre; de mettre deux mille Suisses dans Paris, deux dans Orléans, & deux dans Poitiers; de faire entrer dans toutes les places suspectes de bonnes garnisons, formées des troupes actuellement sur pied; de révoquer l'Edit de pacification, & de défendre par-tout l'exercice de la nouvelle Religion.

Les Réformés veulent surprendre la Cour.

Ce projet, sa certitude, les moyens d'exécution & de défense, furent pesés d'abord à Valleri, dans le château du Prince de Condé, où on ne décida rien. Les Confédérés revinrent à Châtillon-sur-Loing, chez l'Amiral, où le danger, vu de plus près, inspira des résolutions plus vigoureuses.

Entreprise de Meaux. *Castelnau, liv. VI.*

La Cour passoit la belle saison à Monceaux en Brie, maison de campagne toute ouverte: elle y vivoit sans précaution, comme si elle n'eût pas eu des desseins, dont la moindre

CHARLES IX 1567.

connoissance pouvoit jeter dans le désespoir une multitude d'hommes ombrageux, & les exciter aux entreprises les plus hasardeuses. Pendant qu'elle s'abandonnoit à cette profonde sécurité, il se répandit, vers les premiers jours de Septembre, un bruit sourd, qu'il y avoit des mouvements en quelques provinces. Les couriers qui venoient à la Cour des différentes parties du Royaume, rapportoient que jamais ils n'avoient vu tant de monde sur les routes; Gentilshommes, cavaliers, fantassins, qui tous tenoient le chemin de la Cour: on méprisa ces avis, & on continua à se divertir.

Au milieu de Septembre arrive Castelnau, homme de tête & de jugement, qui revenoit de remplir en Flandre une commission de la part du Roi. Il raconte que plusieurs Gentilshommes de Picardie & des environs l'ont prié de les souffrir à sa suite, & que dans le chemin il les a entendu parler d'armée, d'attaque, de surprise. *S'il y avoit une armée d'Huguenots sur pied*, répond brusquement le Connétable, *je le saurois. C'est un crime capital*, ajoute le Chancelier, *de donner à son Souverain de faux avis, qui tendent à le mettre en défiance de ses Sujets. Du moins*, représenta Castelnau, *qu'il me soit permis d'envoyer quelqu'un à la découverte autour du château de l'Amiral.* On y consentit, & il fit partir successivement ses deux freres.

*Pasquier, l. IV. lett 1. Mém. de Tav. p. 299.*

Le rapport du premier, trop peu circonstancié, ne toucha pas; mais sur les preuves que fournit le second, la Cour jugea à propos de se retirer à Meaux, & pour plus grande certitude, le Roi dépêcha, sous quelque prétexte, à l'Amiral un homme de marque, chargé de tout examiner. Il le trouva *habillé en ménagier, faisant ses vendanges.* C'étoit le 26 Septembre, & le 28 toute la France étoit en feu. Il y eut, dit Tavannes, cinquante places prises, & il se trouva tout-à-coup dans Rozay, petite ville à quatre lieues de Meaux, un gros corps de cavalerie, tout composé de Gentilshommes, commandés par le Prince de Condé, l'Amiral, d'Andelot son frere, & le Comte de la Rochefoucauld.

Embarras de la Cour.

La terreur alors saisit tous les es-

CHARLES IX 1567. *Mém. de Bouillon, p. 13.*

prits : on tint conseil ; le premier avis fut d'appeller les six mille Suisses, qui n'étoient pas éloignés. Le Chancelier seul s'opposa à cette résolution : il pensoit au contraire qu'il falloit congédier ces troupes étrangeres, afin de rassurer les Calvinistes, qui, gagnés par cette condescendance, mettroient les armes bas. *Eh ! Monsieur le Chancelier*, dit la Reine, *voulez-vous répondre qu'ils n'ont d'autre but que de servir le Roi ? Oui, Madame*, repliqua l'Hôpital, *si on m'assure qu'on ne les veuille pas tromper.* Son opinion, regardée comme trop hasardeuse, ne fut pas suivie : on envoya aux Suisses couriers sur couriers ; ils forcerent la marche, & se rendirent à Meaux le 28 au soir, sans avoir été attaqués par les Confédérés, à qui la Reine fit porter des propositions, afin de ralentir leur premiere ardeur.

*Journ. de Brulart. Mém. de Condé, t. I.*

Les Suisses arrivés, il fut question de décider si, à l'aide de ce renfort, le Roi se retireroit à Paris, ou s'il resteroit à Meaux, au hasard d'y être assiégé par ses Sujets. Le sentiment du plus grand nombre fut qu'il ne seroit pas prudent d'exposer le Roi en rase campagne avec de l'infanterie seule, contre un corps de cavalerie dont on ignoroit les forces ; qu'il valoit mieux demeurer à Meaux, & en faire sortir quelques Seigneurs pour lever des troupes, & venir dégager la Cour en cas d'attaque : on ajoutoit que risquer une bataille, perte ou gain, ce seroit toujours rendre le Roi irréconciliable, & forcer les Calvinistes à ne jamais remettre l'épée dans le fourreau, quand ils l'auroient une fois tirée contre la personne de leur Souverain.

Le Roi se sauve à Paris.

La résolution de rester alloit prévaloir, lorsqu'on apprit que les Confédérés n'étoient pas si forts qu'on les avoit crus. Sur cette assurance, le Duc de Nemours, regardé comme le chef de la maison de Guise, parce qu'il avoit épousé Anne d'Est, veuve du dernier Duc, le Cardinal de Lorraine, & tous leurs partisans, opinerent à gagner Paris : enfin, les Suisses marquerent tant de bonne volonté, ils demanderent avec tant d'instance l'honneur de conduire le Roi, promettant de le rendre sain & sauf à

CHARLES IX 1567.

Paris, que la Reine céda. *Allez vous reposer*, leur dit-elle, *& demain, dès le matin, je confie à votre valeur le salut du Roi & de son Royaume.*

A minuit les tambours battirent dans le quartier des Suisses : à ce bruit, Ministres, Ambassadeurs, le Roi, la Reine, ses enfants, ses femmes, se mettent en mouvement : les Suisses forment un bataillon quarré, reçoivent Charles & sa suite au milieu, comme dans un fort, & partent, précédés du Duc de Nemours, qui commandoit les chevaux légers de la garde, soutenus par un gros de Courtisans, sans autres armes que leurs épées.

*Mém. de Bouillon, p. 21.*

Ils n'avoient pas fait une lieue, que l'escadron du Prince de Condé se présente la lance en arrêt, prêt à charger : les Suisses baissant la pique, se montrent disposés à soutenir l'attaque ; cette fiere contenance en imposa au Prince, qui n'osa donner sur le front : d'Andelot & la Rochefoucauld tenterent aussi inutilement d'entamer les côtés & l'arriere-garde. Ce fut dans cette occasion que le jeune Monarque, outré de colere, chargea lui-même ; & il auroit peut-être engagé l'action, si le Connétable, plus prudent, ne l'eût arrêté. Les Suisses firent face par-tout, continuant toujours leur marche, quoique harcelés sans relâche par la cavalerie qui voltigeoit sur les ailes. La journée se passa en escarmouches peu considérables ; sur le soir, le Roi, la Reine & les principaux de la Cour prirent les devant, & gagnerent Paris avec une petite escorte : le bataillon n'y arriva que bien avant dans la nuit. *Sans Monsieur de Nemours*, disoit depuis Charles IX, *& mes bons comperes les Suisses, ma vie ou ma liberté étoient en très-grand branle.*

Deuxieme guerre. Plan des Confédérés.

*La Noue. ch. 12.*

C'étoit l'opinion de la Cour ; mais les Calvinistes s'en défendoient comme d'une calomnie ; ils disoient n'avoir pris les armes que pour chasser leurs ennemis d'auprès du Roi, *& se sauver*, selon l'expression de la Noue, *plutôt avec les bras qu'avec les jambes*. En se déterminant à la guerre, ils résolurent quatre choses ; de prendre peu de villes, mais importantes ; de lever une armée *gaillarde ;* de tailler en pieces les Suisses, & de faire prisonnier le

Charles IX 1567.

Cardinal de Lorraine, tant pour éloigner de la Cour un homme qu'ils regardoient comme un solliciteur perpétuel contre eux, que pour avoir entre les mains un ôtage en cas de malheur.

Il est mal exécuté.
D'*Aubigné*, *tome I, liv. IV*.

L'exécution du plan manqua dans presque toutes ses parties. Le Cardinal sachant qu'on lui en vouloit, se sauva à Château-Thierry, disant *qu'il alloit hâter le secours*, & de-là à Rheims. Son bagage, sa vaisselle, & tous ses équipages furent pillés : le projet contre les Suisses fut suspendu par des pour-parlers que la Reine entama avec les Confédérés, afin de donner le temps à ces auxiliaires de se rendre à Meaux ; & une fois renforcés par la présence du Roi, il ne fut plus possible aux Calvinistes de les entamer : quant aux grandes villes, ils manquerent la plupart de celles dont ils espéroient s'emparer, & en prirent d'autres sur lesquelles ils ne comptoient pas ; enfin, pour s'être trop pressés, & n'avoir pas donné le temps à l'infanterie de joindre, au lieu d'une armée, ils n'eurent d'abord qu'un corps de cavalerie, propre tout au plus à un coup de main. Malgré ces désavantages, ils allerent fiérement camper devant Paris.

CHARLES IX 1567.

Ils insultent Paris.

*Journ. de Brulart.*

*Mém. de Condé, tome I.*

*La Noue,*

Dès le lendemain, il y eut de la part du Roi injonction de quitter les armes, assurance d'amnistie pour ceux qui le feroient dans vingt-quatre heures, & peine capitale prononcée contre les réfractaires ; mais ces menaces n'empêcherent pas les Confédérés de persévérer dans l'audacieux projet de bloquer la capitale, *avec une poignée de gens*, & de l'affamer. Ils brûlerent les moulins, s'emparerent des ponts, dont la possession pouvoit les rendre maîtres des rivieres, & mirent de bonnes garnisons dans les châteaux qui commandoient les chemins par où les vivres arrivoient.

On négocie sans succès.

Ainsi pressée, la Reine eut recours à sa ressource ordinaire, la négociation : elle fit faire des propositions d'accommodement ; les Confédérés s'y prêterent : on en vint jusqu'à un projet d'Edit, qui n'eut point lieu, moins à cause des prétentions exorbitantes des Calvinistes en faveur de leur Religion, qu'à cause d'une ruse dont ils s'aviserent pour gagner la

CHARLES IX 1567.

multitude. Ils demanderent l'assemblée des Etats, & la diminution des impôts, rendus excessifs par le manege des maltôtiers Italiens : en même temps ils firent afficher dans les villes dont ils étoient maîtres, qu'ils n'avoient pris les armes que pour obtenir la diminution des taxes & le soulagement du peuple. La Reine, piquée sur-tout de ce qu'en notant les Italiens, on sembloit l'attaquer elle-même, ne voulut plus entendre parler d'accord.

Sommation faite aux Confédérés.

Ainsi, le 7 Octobre on envoya dans la ville de Saint-Denis, dont les Confédérés s'étoient emparés, un héraut chargé d'un ordre du Roi, signé par deux Secretaires d'Etat, qui contenoit l'alternative, ou de mettre bas les armes, ou de déclarer qu'ils confirmoient de nouveau leur révolte, afin que sur cette résolution Sa Majesté prît les mesures qu'elle jugeroit convenables. Cet ordre étoit adressé à tous & à chacun des chefs qui figurerent dans les troubles suivants; savoir, le Prince de Condé, les trois freres Coligni, Odet, Cardinal de Châtillon, Gaspard, Amiral, &

François d'Andelot, François, Comte de la Rochefoucauld, François de Hangest de Genlis, Georges de Clermont d'Amboise, François, Comte de Saulx, François de Barbançon de Caní, Jacques de Boucard, Bayencour de Bouchavannes, d'Ailli de Péquigny, Jacques de Brouillard de Lizy, Antoine de Vaudray de Mouy, Jean Raguier d'Esternay, Gabriel, Comte de Montgommeri, & Jean de Ferrieres, Vidame de Chartres.

Cette signification embarrassa les Confédérés. Le Prince de Condé voyant venir à lui le héraut un papier à la main, lui dit d'un ton courroucé: *Prends garde à ce que tu vas faire ; si tu m'apportes ici quelque chose contre mon honneur, je te ferai pendre. Je viens*, lui répondit le héraut, *de la part de votre maître & du mien, & vos menaces ne m'empêcheront pas d'obéir à ses ordres.* En disant cela, il lui présenta la signification. Le Prince dit qu'il feroit sa réponse dans trois jours. *Il la faut dans vingt-quatre heures*, repliqua le héraut, & il se retira.

On délibéra beaucoup sur cette dé-

CHARLES IX 1567.

Leur réponse occasionne une conférence.

marche, dont la fierté déconcerta les Confédérés. Ils prirent le parti de présenter une requête plus modeste : ils demandoient qu'on attribuât à un excès de zele, ce qu'ils avoient dit d'un peu fort sur les impôts & la convocation des Etats. Ce retour donna aux bien-intentionnés quelqu'espérance d'accommodement ; & comme la Reine, malgré les excuses, persistoit dans son mécontentement, le Connétable se chargea de renouer les conférences.

Elle est inutile.

Anne de Montmorenci d'un côté, le Prince de Condé de l'autre, chacun avec plusieurs de leur parti, se virent à la Chapelle, village entre Paris & Saint-Denis ; mais la négociation échoua dès la premiere proposition. Les Calvinistes demanderent l'exercice général, public & irrévocable de leur Religion : le Connétable déclara qu'en accordant des privileges aux Huguenots, le Roi n'avoit jamais prétendu que ce fût pour toujours ; qu'au contraire, son intention étoit de ne souffrir qu'une seule Religion dans son Royaume. Les deux partis n'ayant pas voulu se relâcher, on se sépara, après une altercation assez vive entre l'oncle & le neveu, & on se prépara à la guerre.

Bataille de Saint-Denis. *La Noue.*

Pendant ces délais, l'armée du Prince s'augmentoit; il lui vint de toutes les provinces des secours, à l'aide desquels il s'établit solidement dans ses postes, résolu d'attendre un corps de Reitres qu'on levoit pour lui en Allemagne; mais quelques efforts que fissent les Confédérés pour grossir leur troupe, l'armée royale renfermée dans Paris étoit beaucoup plus nombreuse. Il sembloit donc qu'on ne devoit pas différer à attaquer le Prince, afin de ne lui pas laisser le temps de se fortifier: les Parisiens le demandoient à grands cris, non qu'ils souffrissent beaucoup du blocus, qui n'embrassoit pas tous les côtés de la ville, mais parce que sachant les soldats Calvinistes cantonnés dans les villages des environs, *il leur déplaisoit*, dit la Noue, *d'avoir de tels ménagers en leurs censes, qui étoient fort diligents à les rendre vuides.*

*Mém. de Tavan, page 305.*

Le Connétable vouloit attendre, espérant toujours quelqu'heureux événement qui rameneroit la concorde,

CHARLES IX 1567.

& empêcheroit de verser le sang françois; mais on lui fit entendre qu'à force de remettre, il devenoit suspect d'intelligence avec les ennemis : il se détermina donc à risquer la bataille; elle se livra le 10 Novembre, dans la plaine de Saint-Denis, d'où elle a pris son nom. L'armée royale, outre l'avantage du nombre, avoit celui de l'artillerie & du terrein; les Calvinistes, au contraire, se virent attaqués au moment qu'un gros détachement venoit de les quitter pour une expédition de l'autre côté de la riviere : cependant ils se défendirent avec une fermeté qui fit d'abord balancer la victoire; mais enfin le nombre l'emporta, & les Catholiques gagnerent le champ de bataille.

Mort du Connétable. *Brantôme.*

Il leur coûta cher; plusieurs Seigneurs de marque y resterent, entre autres le Connétable : il montra dans cette action, selon sa coutume, une vigueur de jeune homme & une valeur de soldat. Seul au milieu d'un escadron ennemi, abandonné des siens mis en fuite, ou tués à ses côtés, il se défendoit encore, lorsqu'il se vit coucher en joue par Stuart, un de ceux qui, après la conjuration d'Amboise, força les prisons de Blois. *Tu ne me connois donc pas*, lui cria Montmorenci? *C'est parce que je te connois*, répondit le féroce Stuart, *que je te porte celui-ci;* & en même temps il lui lâche son coup d'assez près pour être lui-même blessé par le Connétable presqu'expirant.

Les Calvinistes se jeterent sur lui pour l'emmener: les Catholiques l'arracherent de leurs mains; & autant brisé de ces secousses, qu'épuisé par ses blessures, Montmorenci, après avoir vu fuir les escadrons ennemis, consentit avec peine d'être transporté à Paris: il y reçut, ce qui console un courtisan, la visite du Roi & de la Reine, & des témoignages d'attendrissement de la part des grands, mais peu de marques de regrets du côté du peuple, qui veut qu'on soit tout entier au parti qu'il favorise. Or, le Connétable, malgré son attachement à la Religion Catholique, temporisoit quelquefois & adoucissoit, dans l'espérance de pacifier, ce qui ne plaisoit pas aux zélés, qui auroient voulu que sans égards on se fût

CHARLES IX 1567.

toujours porté aux dernieres extrémités.

Montmorenci aima sincérement la Religion : quand il la vit sérieusement attaquée, aucune considération humaine ne fut capable de le retenir ; il abandonna parents, amis, intérêts de famille, & se joignit de bonne foi à ceux qu'il crut unis pour la défendre, quoiqu'ils fussent ses rivaux de fortune : il soutint toujours qu'il n'en falloit qu'une dans l'Etat, & mourut les armes à la main, victime de sa fermeté dans ses principes.

Brantôme.

Nous avons vu qu'il étoit *rabroueur* & peu endurant : ce caractere se montra jusqu'au dernier moment. Le Religieux qui le confessoit à la mort, l'impatientant apparemment par ses exhortations : *Laissez-moi, mon pere*, lui dit le Connétable, *il seroit bien honteux qu'ayant vécu quatre-vingts ans, je ne susse pas mourir un quart-d'heure.*

Mém. de la Viellev. tom. V, p. 174.

Comme il arrive quelquefois qu'après une vive querelle, confus des excès auxquels ils se sont laissés emporter, les rivaux épuisés gardent un morne silence ; triste d'une victoire remportée sur les François, la Cour resta quelques jours dans l'inaction. En effet, disoit au Roi, en soupirant, le Maréchal de la Vielleville : *Ce n'est point votre Majesté qui a gagné la bataille, encore moins le Prince de Condé. Et qui donc*, demanda le Roi Charles IX avec vivacité ? *Le Roi d'Espagne*, répondit le Maréchal. Ce Prince réellement jouoit la Cour de France. Après la bataille de Saint-Denis, il permit au Duc d'Albe d'envoyer quelques troupes au Roi, mais pas assez pour opérer la destruction des Calvinistes, dont l'existence lui faisoit espérer la continuation des troubles.

CHARLES IX 1567.

Bravade & retraite forcée des Confédérés.

Pour eux, dès le lendemain de leur défaite, ils se représenterent en bataille devant Paris, & brûlerent quelques moulins par bravade ; mais ensuite ils gagnerent à grandes journées la frontiere, où ils comptoient trouver les Reitres qui devoient les renforcer : l'armée royale s'ébranla à la fin, & se mit à leur poursuite.

Il y avoit des différences frappantes entre les deux armées : la royale étoit bien vêtue, bien payée, atten-

Charles IX 1567.

due dans de bons logements, fournis de vivres & de fourages; mais elle avoit pour chef le Duc d'Anjou, enfant de seize ans, qui fut nommé Lieutenant-Général du Royaume, sous prétexte qu'il étoit au-dessous du Roi, de marcher en personne contre des rebelles. Une multitude de Capitaines, de Princes du sang, de Maréchaux de France, lui servoient de conseil, ou plutôt, jaloux les uns des autres, commandoient tous, se contredisoient, & causoient une confusion générale.

Les Calvinistes n'avoient que leurs armes, ni solde, ni équipages, ni asyles; il falloit aller chercher des vivres dans des villages écartés, arracher le pain au paysan surpris, ou forcer les petites villes & les bourgades. C'étoit avec ces incommodités qu'ils marchoient vers la Lorraine, dans la plus mauvaise saison de l'année, harassés, couverts de boue, excédés de fatigue; mais pleins de courage, & d'une juste confiance dans la capacité & la bonne intelligence de leurs chefs.

Ils ne se trouverent en sûreté, au-

CHARLES IX 1567.

Ils fuient hors du Royaume.

*La Noue, deuxiemes troubles.*

delà de la Meuse, qu'à la fin de Décembre : ils se flattoient d'être joints, en arrivant, par les troupes auxiliaires de Jean Casimir, Prince Palatin ; mais après cinq jours d'attente, *on n'en savoit pas plus de nouvelles que lorsqu'on étoit devant Paris, ce qui engendra du murmure parmi aucuns, même de la noblesse, qui donnoient des attaques assez rudes à leurs chefs, en leurs devis ordinaires, tant l'impatience est grande parmi notre nation !*

Le Prince de Condé, *d'une nature joyeuse*, se moquoit si à propos de ces gens *coleres & appréhensifs*, qu'il les forçoit à rire eux-mêmes. L'Amiral, *avec ses paroles graves*, leur faisoit honte, & les obligeoit à se taire : quand on parloit de se séparer, il disoit qu'au contraire si les Reitres ne venoient pas, il faudroit les aller chercher jusqu'au lieu marqué pour leur rendez-vous ; qu'il n'y avoit de salut que dans cette jonction. *Mais s'ils ne s'y fussent pas trouvés*, s'objecte la Noue, *qu'eussent fait les Huguenots ? Je pense*, répond-il, *qu'ils eussent soufflé dans leurs doigts, car il*

CHARLES IX 1567.

*faisoit grand froid.* Ce n'est en effet que par des plaisanteries qu'il faut répondre à ces gens désespérants, qui mettent toujours les choses au pire. En fait de risques, combien de circonstances dans lesquelles il faut prendre conseil du moment !

Jonction des Reitres.

Les Confédérés ne furent pas réduits à cette extrêmité. On apprit enfin que le Prince Casimir approchoit. *Ce ne fut plus pour lors que chansons & gambades, & ceux qui avoient le plus crié, sautoyent le plus haut.* Mais nouvel embarras ! on sut que les Reitres, troupes mercénaires, comptoient, en se joignant, toucher au moins cent mille écus, & il n'y en avoit pas deux mille dans la caisse. *Là convint-il de faire de nécessité vertu ?* Le Prince de Condé & les autres chefs représenterent leurs besoins aux Officiers ; ceux-ci haranguerent les soldats : aux motifs de l'honneur, les Ministres joignirent ceux de la Religion ; chacun se dépouilla de ses bagues, chaînes, joyaux, & de tout ce qui pouvoit faire de l'argent : la commune détresse faisoit qu'on s'excitoit les uns les autres. Seulement quand

quand il fut question de presser *les disciples de la picorée, qui ont cette propriété de savoir vaillamment prendre & lâchement donner, là fut l'effort du combat.* Néanmoins ils s'en acquitterent *beaucoup mieux qu'on ne cuidoit. Jusqu'aux gougeats, chacun bailla, & l'émulation fut si grande, qu'à la fin on réputa à déshonneur d'avoir peu contribué.* Exemple peut-être unique d'une armée sans paye, dont chaque soldat se prive de son nécessaire pour en soudoyer d'autres. De ces contributions volontaires, on forma une somme d'environ quatre-vingt-dix mille livres, dont les Reitres se contenterent. Ainsi réunis, ils rentrerent en France dans les premiers jours de Janvier 1568.

1568. Les Calvinistes rentrent en force dans le Royaume.

Ce n'étoit plus une troupe errante, reculant devant un ennemi victorieux & puissant, mais une armée leste, pleine de confiance, capable désormais d'affronter le vainqueur. Ils résolurent de porter la guerre autour de la capitale, afin que la Cour, voyant de plus près les calamités, se prêtât plus facilement à la paix. Dans une négociation qui s'étoit entamée après

CHARLES IX 1568.

la bataille de Saint-Denis, pendant que le Prince poursuivi se retiroit vers la frontiere, il avoit senti le désavantage de traiter en fuyant : maintenant en état d'attaquer, il comptoit bien donner la loi à son tour : tout dépendoit des opérations militaires. Les Confédérés résolurent de tenter quelqu'exploit qui donnât du lustre à leurs armes : ils s'avancerent fiérement à travers la France, grossirent leur armée de plusieurs corps considérables, & forts de plus de vingt mille hommes, ils mirent le siege devant Chartres, capitale de la Beausse, à dix-huit lieues de Paris.

Activité de la Reine. *Journ. de Brulart. Mém. de Condé, t. I.*

La Reine avoit toujours entretenu des pour-parlers. Si Catherine, comme on l'en soupçonne, mit sa félicité à gouverner seule, & à être unique maîtresse des affaires, elle eut alors tout lieu de se satisfaire. Sous un Roi majeur, capable par conséquent de donner du poids aux décisions, mais trop jeune pour les former, elle dominoit le Conseil par des Ministres qui lui étoient tout dévoués. Sous un Général enfant, elle commandoit par des Capitaines placés de sa main, &

révocables à sa volonté. Dans l'armée, dans le cabinet, tout rouloit sur elle; mais aussi montroit-elle une activité infatigable.

Après la bataille de Saint-Denis, Catherine avoit fait présenter au Prince de Condé des propositions insidieuses, pour tâcher de retarder sa marche & de le faire battre; mais soit mauvaise volonté, soit négligence, les Généraux Royalistes le laisserent échapper. La Reine se doutant de quelque connivence, part de Paris le 3 Janvier, examine les fautes sur les lieux, & révoque les Commandants qu'elle croit coupables. Elle confere à Châlons avec le Cardinal de Châtillon, chargé par les Confédérés de lui porter des paroles d'accommodement. Ne tombant pas d'accord, Catherine assigne un rendez-vous au Prélat à Vincennes, revient à Paris, dirige par elle-même la nouvelle négociation, qui ne réussit pas encore. Enfin, voyant qu'il n'y a point de milieu entre une prompte paix & une bataille dans le cœur de la France, elle indique une derniere conférence à Longjumeau. Les plénipoten-

CHARLES IX 1568.

tiaires furent d'un côté Gontaut de Biron, Maréchal de camp, & de Mesmes, Seigneur de Malassise, Maître des requêtes; de l'autre, le Cardinal de Châtillon & son conseil. On y admit pour médiateurs un envoyé d'Angleterre, & un envoyé de Florence.

On fait la deuxieme paix.

L'armée brillante des Calvinistes se fondoit devant Chartres. L'argent du Roi habilement distribué, occasionnoit une grande désertion entre les Allemands. Les François, las d'une guerre qu'ils avoient cru devoir se terminer par la surprise de Meaux, & qui duroit cependant depuis cinq mois, murmuroient hautement. Des compagnies entieres quittoient le siege & s'en retournoient dans leurs maisons. Afin d'augmenter le mécontentement, on glissa dans le camp une copie des conditions qu'accordoit le Roi, & que le Prince refusoit: savoir, promesse du libre exercice de la Religion prétendue-Réformée, & engagement solemnel de payer les Allemands. Les chefs auroient voulu des sûretés, & quelques avantages pour eux-mêmes; mais dans la crainte de se voir tout-à-fait abandonnés, ils signerent la paix, qui fut publiée le 23 Mars. Le Roi pardonnoit tout, rendoit aux Confédérés ses bonnes graces, renouvelloit, autorisoit, promettoit de faire exécuter selon sa forme & teneur l'Edit de Janvier 1562, si favorable aux Calvinistes. Par allusion à Biron, qui étoit boiteux, & au Seigneur de Malassise, les deux Plénipotentiaires de la Cour, elle fut appellée *la paix boiteuse & mal-assise, & la petite paix* (a). *Ceux qui ne s'y fierent pas*, dit le Laboureur, *furent les plus habiles.*

CHARLES IX 1568.

*Le Laboureur, sur Castelnau, livre VII.*

La paix ayant été publiée, on licencia les armées. Il étoit stipulé qu'à mesure que les Allemands évacueroient le Royaume, les troupes d'Espagne, du pape & des Suisses, appellées par le Roi en sortiroient aussi; mais on ne songea qu'à se débarrasser des Reitres. Il leur étoit dû de grosses sommes. La Cour avoit promis de les

Excês des Reitres. *Castelnau, liv. VI.*

(a) M. de Thou dit que cette paix, & celle de 1570, furent traitées par les mêmes Biron & Malassise. Davila n'en parle pas M. le Président Hainault n'appelle *la paix boiteuse & mal-assise*, que celle de 1570. Mais ces noms ne lui furent sans doute donnés, que quand on vit qu'elle dura si peu.

Charles IX 1568.

payer ; & il ne se trouva pas d'argent dans les coffres. On espéra qu'ils se contenteroient de promesses. A la seule proposition, cette soldatesque intéressée se souleva, & tourna ses drapeaux contre Paris, menaçant de mettre tout à feu & à sang dans les environs. On se trouva pour lors fort embarrassé. Quelques-uns du conseil proposerent de mander d'autres Allemands qui devoient venir au secours du Roi, si la paix ne se fût pas faite, sous la conduite de Jean Guillaume, Duc de Saxe, beau-frere de Casimir, & de détruire ainsi les Reitres les uns par les autres. Mais outre que cette ressource étoit éloignée, il y avoit à craindre que ces étrangers, se trouvant en présence, au lieu de se battre, ne joignissent leurs armes, & ne pillassent de concert. On jugea donc plus expédient de les appaiser ; & Castelnau, accoutumé à traiter avec eux, fut chargé de la commission.

Il leur donna quelqu'argent, & leur en fit espérer d'autre qui devoit venir pendant la marche. Ils se mirent en route dans cette confiance : mais plus on les voyoit s'éloigner de

Paris, moins la Cour étoit pressée de tenir sa promesse. Frustrés de leur attente, les Reitres entrerent en fureur. Castelnau, au milieu d'eux, courut risque de la vie. Ils l'emmenerent comme otage des sommes qui leur étoient dues, & firent un dégât affreux par tous les lieux de leur passage. On s'accommoda cependant; ils relâcherent Castelnau, & sortirent du Royaume chargés de butin.

Ce qu'on pensoit de cette paix. *Pasquier, liv. V, lett. 6.*

Le Prince de Condé, l'Amiral & les autres, de chefs puissants, devenus simples particuliers, se retirerent dans leurs châteaux. Sans doute ils ne comptoient pas beaucoup sur cette paix, puisque les personnes même désintéressées en prévoyoient une suite peu favorable. Au moment de leur départ, Pasquier écrivoit à ses amis: *S'il y a quelques embûches, les Huguenots seront pris, parce que le Prince de Condé est à Noyers en Bourgogne, d'Andelot en Bretagne, la Rochefoucauld en Angoumois, d'Acier en Bourgogne, le Vicomte de Montglas & Berniquet en Gascogne, les Seigneurs de Genlis & de Mouy en Picardie, Montmorenci en Normandie: s'ils*

Charles IX 1568.

*sont poursuivis chaudement, ils ne pourront se sauver.* Au contraire, le Laboureur remarque que cette dispersion fut leur salut, parce que pour les prendre, *il auroit fallu tendre un rets aussi grand que le Royaume*: entreprise téméraire & folle, qui cependant pensa réussir.

Disposition à une rupture De Thou, liv. XLIV. Davila, liv. IV.

Le court intervalle qu'il y eut entre la paix & la guerre, ne ressembla pas cette fois aux calmes qui avoient jusqu'alors servi comme de séparations entre les temps orageux. On respiroit ordinairement, & ce n'étoit qu'après quelques mois de tranquillité, qu'on entendoit des bruits sourds, présages de nouvelles tempêtes. Ici il n'y eut aucune marque de réconciliation. On se quitta avec un silence sombre, comme fâchés d'avoir été forcés de s'épargner.

Les Calvinistes maltraités.

Le systême de la Cour parut absolument changé. Ce n'étoit plus ces ménagements qui montroient des ressources aux Calvinistes, qui lui laissoient entrevoir que si les circonstances ne permettoient pas toujours d'arrêter la fougue de ses ennemis, du moins, ne souffriroit-on pas qu'il fût entiérement opprimé : il sembloit au contraire qu'on prît tous les moyens de soulever le peuple. Les chaires retentissoient d'invectives contre les Sectaires, de réflexions séditieuses sur la paix, d'exhortations à la rompre. On avançoit hardiment ces maximes abominables, qu'il ne faut pas garder la foi aux Hérétiques, & que c'est une action juste, pieuse, utile pour le salut, de les massacrer. Les fruits de ces discours étoient, ou des émeutes publiques, ou des assassinats dont on ne pouvoit obtenir justice. Malheur dans Paris, malheur dans les provinces à ceux qu'on savoit conserver, ou simplement avoir eu des liaisons avec les chefs ; le poignard, le poison, le supplice lent du cachot, les détruisoient, & avec eux les inquiétudes qu'ils pouvoient causer.

Les Calvinistes prétendent qu'en trois mois plus de dix mille personnes périrent par ces moyens exécrables : calcul exagéré sans doute, mais qui, réduit à ses justes bornes, est encore bien capable de tirer des gémissements sur les maux affreux qu'entraînent les guerres de Religion. Témoins de ces

CHARLES IX 1568. *La Noue.*

excès, ceux des Calvinistes qui avoient le plus incliné pour la paix, disoient en soupirant : *Nous avons fait la folie; ne trouvons donc pas étrange si nous la buvons : toutefois il y a apparence que le breuvage sera amer.*

Leurs partisans appellés *Politiques.*

Ce qui les embarrassoit davantage, c'est qu'ils n'avoient plus auprès du Roi personne en état de leur faire passer des avis certains. La Reine ayant reconnu, par le mauvais succès de quelques-uns de ses projets, qu'il y avoit des indiscrets ou des traîtres, outre le conseil d'Etat, en forma un particulier, que Davila dit être l'origine du conseil privé. Le chancelier en fut exclus, comme le plus suspect, & même disgracié, obligé de se retirer dans ses terres, & de rendre les sceaux. Ceux qui inclinoient comme lui à la paix, à la tolérance, quoique Catholiques, furent appellés *Politiques* : dénomination qu'on prit sous une acception odieuse, comme si on leur eût reproché qu'ils sacrifioient leur conscience à des intérêts humains.

On fait signer une formule contre eux.

De peur que ce parti modéré ne se fortifiât, la Reine fit signer à la Cour, & envoya aux Gouverneurs de provinces un formulaire de ferment, par lequel on s'obligeoit de ne reconnoître que les ordres du Roi exclusivement à tous autres; de ne prendre les armes que pour lui, de renoncer à toute entreprise secrete qui n'auroit pas son aveu formel, & de lui donner connoissance de celles qu'on découvriroit; en un mot, d'être à jamais unis de cœur & d'esprit avec les Catholiques, pour la défense de la patrie. Cette derniere clause donna occasion, sur-tout dans les provinces attachées aux Guises, d'ajouter au formulaire des termes encore plus forts, dans lesquels on reconnoît déja les principes pernicieux sur lesquels s'appuya la Ligue.

CHARLES IX 1568.

*Journal de Henri III, tome III, p. 31.*

Il ne fut donc plus permis d'être zélé à demi. A la Cour, à la ville, tout s'enflamma du feu qui dévoroit le Cardinal de Lorraine, dont les conseils vifs & tranchants paroissoient diriger les démarches de la Reine. En revanche, c'étoit aussi contre lui que les Réformés amonceloient les injures dans tous leurs écrits, même dans ceux qu'ils adressoient au Roi & à la Reine: leur haine ne leur per-

Déchaînement & torts des deux partis.

mettoit d'y obſerver ni égards, ni reſpect. Les manifeſtes, les plaintes, les écrits apologétiques, ſe ſuccédoient avec une rapidité prodigieuſe. Tous tendoient à prouver que le parti oppoſé avoit manqué le premier aux engagements du traité ; mais au fond, ni les uns ni les autres ne s'étoient portés à l'exécuter de bonne foi. La Cour ne congédia pas ſes troupes étrangeres. Les Confédérés garderent celles de leurs places, qu'ils purent ſe diſpenſer de rendre ; entr'autres la Rochelle, qui leur fut utile par la ſuite.

La Reine pouſſe à bout le Prince de Condé.

Comme l'argent eſt le nerf de la guerre, la Reine s'attacha à ôter au Prince de Condé toute reſſource de finances. On lui demanda le rembourſement de cent mille écus avancés aux Reitres pour les faire ſortir du Royaume : & de peur que la néceſſité de lever cette ſomme ne lui fournît les moyens d'en amaſſer d'autres, le Roi déclara qu'il ne prétendoit pas que cet argent fût pris ſur tous les Calviniſtes indiſtinctement ; mais ſeulement ſur les chefs, qui s'étoient rendus, auprès de ces étrangers, cautions du paiement.

CHARLES IX 1568.

Il n'y eut personne qui ne sentît le but d'une pareille demande. Les Confédérés, pour détourner ce coup, envoyerent à la Cour Téligny, pauvre Gentilhomme, que son mérite éleva depuis à l'alliance de l'Amiral, dont il épousa la fille. Ils écrivirent aussi à la Duchesse de Savoie, qu'ils savoient avoir quelque crédit auprès de la Reine mere, la conjurant d'engager Catherine à ne les pas jeter dans le désespoir.

La Reine veut le faire enlever *Mém. de Tavan. pag. 314. Le Lab. tome II. Castelnau, liv. VII.*

Mais le parti étoit pris de ne plus rien ménager. Le Prince demeuroit dans son château de Noyers en Bourgogne, l'Amiral vint l'y trouver, pressé par son inquiétude. Pendant qu'ils délibéroient sur l'état de leurs affaires, la province se remplissoit de soldats : les ponts, les gués, les moindres passages étoient gardés ; des troupes nombreuses distribuées dans les environs de son château, l'investissoient, & Tavannes, commandant en Bourgogne, eut ordre de l'arrêter. Ce rusé politique ne voulut ni prendre sur lui cette odieuse commission, ni en voir un autre chargé dans son gouvernement. Il fit donc

Charles IX 1568.

passer auprès de Noyers des couriers avec des lettres, dans lesquelles il écrivoit à la Cour : *Le cerf est aux toiles, la chasse est préparée.* Il envoya aussi des hommes sonder les fossés du château.

Il se sauve à la Rochelle. *Matthieu*, *l. V*, *p.* 312

Les émissaires de Tavannes furent pris, selon son dessein. On les questionna. Ce qu'on tira d'eux, joint aux lumieres qu'on avoit d'ailleurs, fit un corps de preuves qui ne souffroit plus de délais. A la fin d'Août le Prince de Condé & l'Amiral sortirent de Noyers, aussi secrétement que pouvoit le permettre l'attirail embarrassant qu'ils traînoient après eux. Ils menoient, partie à cheval, partie en litieres, la Princesse, sa fille aînée, d'autres enfants en bas âge, l'épouse de d'Andelot & un enfant à la mamelle, des nourrices & d'autres femmes, tout cela sous une escorte de cent cinquante hommes. Cette foible troupe marchant le jour & la nuit, franchit les défilés des montagnes, passe la Loire à un gué jusqu'alors inconnu ; & malgré les corps-de-gardes postés de tous côtés, malgré les corps de cavalerie embusqués dans tous les passages, elle arrive sans accident à la Rochelle le 18 Septembre.

La collusion de Tavannes est manifeste : celle du Maréchal de la Vielleville, qui commandoit en Poitou, n'est pas si prouvée ; il y a seulement grande apparence que ne voulant pas non plus arrêter le Prince, il se laissa exprès amuser par des complimens. Quand Condé fut arrivé à la Rochelle, il écrivit au Maréchal en plaisantant : *J'ai tant fui que j'ai pu, & que terre m'a duré : mais étant à la Rochelle, j'ai trouvé la mer ; & d'autant que je ne sais nager, j'ai été contraint de tourner la tête, & de regagner la terre, non avec les pieds, mais avec les mains, & me défendre de mes ennemis.*

Les autres chefs se mettent aussi en sureté. Troisieme guerre. *Pasquier, l. V, lett. 7. Cayet.*

Les mesures prises contre les autres chefs du parti échouerent également. Le Cardinal de Châtillon, qui étoit dans son Evêché de Beauvais, presque sous les yeux du Roi, se sauva en Normandie : il y prit un habit de matelot, se jeta dans un esquif, & passa en Angleterre, où il devint très-utile aux Confédérés par ses négociations. La Reine de Navarre, que

CHARLES IX
1568.

Montluc étoit chargé d'arrêter & d'amener à la Cour, du Béarn, où elle s'étoit retirée avant la derniere guerre, vint aussi à la Rochelle, avec son fils & sa fille, de l'argent & des troupes. Soubise, Montmorenci, le Vidame de Chartres, d'Andelot, la Noue, Genlis, Mouy, d'Acier, Morvilliers, leverent des soldats, chacun dans les provinces du Royaume où ils se trouvoient. La guerre commença ainsi de tous côtés en même temps. Tantôt vainqueurs, tantôt vaincus, dispersés, réunis, avançant toujours à travers les embuscades dressées de toutes parts, les uns se joignirent au Prince, les autres attirerent sur eux & tinrent en échec des armées qui, rassemblées, auroient écrasé en une seule campagne les forces qu'on ramassoit à la Rochelle. Quelques-uns voltigeant sur les frontieres, tinrent le Royaume ouvert aux Allemands, qu'on rappella.

Fausses mesures de la Reine.

Jamais on ne connut mieux le caractere de Catherine : prompte à concevoir, vive à exécuter, mais sans ressources si-tôt que ses projets manquoient, & qu'il n'y avoit point lieu à traiter de la paix. Or, dans cette occasion, elle n'étoit pas seulement proposable ; la rupture portoit avec soi trop de caracteres de mauvaise volonté. Le dépit, mauvais conseiller, prit donc la place de la prudence, & fournit les expédients. On vit paroître Edits sur Edits contre les Religionnaires ; il leur fut défendu, sous des peines rigoureuses, de s'assembler : le Roi révoqua en entier l'Edit de Janvier 1562, confirmé par la derniere paix ; défendit, sous peine de mort, l'exercice de toute autre Religion que la Catholique ; ordonna à tous ceux qui professoient la nouvelle, de se démettre de leurs emplois publics ; & le Parlement ajouta à cette loi, qu'il ne seroit désormais admis à la Magistrature personne qui ne promît par serment de vivre dans la Religion Catholique ; préalable qui s'exige encore. Pour mettre à exécution ces Edits, le Duc d'Anjou fut nommé Généralissime, & on lui dressa une forte armée, qui auroit accablé les Confédérés, si elle avoit été prête dans le premier moment de leur surprise.

Mais comme si la Cour eût été

CHARLES IX 1568.

Les Calvinistes en profitent.

*La Noue.*

d'intelligence avec eux, elle leur laissa tout le temps qu'ils voulurent : ils l'employerent à entamer des négociations en Angleterre, en Allemagne, & dans tous les lieux d'où ils espéroient du secours. Ils composerent des manifestes, des apologies, dans lesquels tout le fort des reproches tomboit toujours sur le Cardinal de Lorraine : enfin ils amasserent des provisions de vivres, d'armes & de munitions de toutes especes. L'Amiral, sur le bord de la mer, se souvenant de sa dignité, équipa une petite flotte & des vaisseaux détachés, qui firent la course : ils revinrent chargés de butin enlevé aux Flamands, Sujets d'Espagne, & l'argent de ces prises grossit le trésor calviniste.

Cruautés exercés dans cette guerree.

*Le Labour. tome II.*

Il ne fut pas besoin, comme dans les dernieres guerres, de mettre en œuvre l'éloquence des Ministres, pour engager les Réformés à prendre les armes. La révocation subite des Edits faisant sentir aux moins clairvoyants que c'étoit une guerre de religion, ils coururent en foule s'enrôler sous les drapeaux du Prince de Condé. Des armées entieres voloient des extrêmités du Royaume à son secours; la terreur les précédoit; le pillage, le massacre, l'incendie, faisoient des déserts de tous les lieux de leur passage; ils s'acharnoient principalement sur le Clergé. Jacques de Crussol, Baron d'Acier, leva dans le Languedoc & le Dauphiné jusqu'à vingt-cinq mille hommes. *Il avoit pour enseigne une cornette de taffetas verd, sur laquelle on voyoit une hydre, dont toutes les têtes étoient diversement coeffées en Cardinaux, en Evêques & en Moines, qu'il exterminoit sous la figure d'un Hercule.*

CHARLES IX 1568.

Cette enseigne, déployée à la tête d'une troupe déja échauffée par l'enthousiasme, étoit pour chaque soldat une exhortation à se signaler par des exploits tels qu'ils étoient dépeints sur ses drapeaux. Aussi tout ce qui paroissoit tenir au culte de la Religion Romaine, éprouva leur fureur, devenue rage & férocité. Ils démolirent les Eglises, détruisirent de fond en comble les Monasteres, passerent au fil de l'épée les Prêtres, les Religieux, & jusqu'aux Religieuses, que les derniers outrages ne sauvoient pas de la

*De Thou, t. X, p. 124.*

CHARLES IX 1568.

mort. M. de Thou rapporte que Briquemaut, un de leurs chefs, prenoit plaisir à mutiler les Prêtres qu'il avoit massacrés, & qu'il se fit de leurs oreilles un collier qu'il portoit comme une parure.

*Brantôme, tome VIII. p. 313.*

La soldatesque catholique ne montra pas moins de cruauté dans cette guerre, où l'on vit renouveller toutes les horreurs des premiers troubles, à la honte de la raison, toujours trop foible contre les transports d'un zele mal réglé. Quelques chefs même se permirent des excès, que d'honnêtes Païens auroient eu honte de commettre. Louis de Bourbon, Duc de Montpensier, se distingua entre les autres : *Il ne parloit que de pendre, & s'il eût été cru, il n'en fût guere échappé. Quand on lui amenoit quelque prisonnier, si c'étoit un homme, il lui disoit de plein abord simplement : Vous êtes Huguenot, mon ami, je vous recommande à M. Babelot. C'étoit un Cordelier, savant homme, auquel on amenoit aussi-tôt le prisonnier, & lui un peu interrogé, étoit aussi-tôt condamné à mort & exécuté. Si c'étoit une belle femme & fille, il ne leur disoit non plus autre chose, sinon, je vous recommande à Monsieur mon guidon, qu'on la lui mene.* Ce guidon étoit M. de Montoiran, de l'ancienne maison de l'Archevêque Turpin, très-bon Gentilhomme, grand, & de haute taille. La gravité de l'histoire ne permet pas de rapporter ce que raconte Brantôme avec sa naïveté ordinaire : il résulte de son récit que le démon des guerres civiles détruit toute bienséance & toute humanité, dans ceux mêmes à qui un rang distingué sembleroit devoir inspirer des sentiments au-dessus du vulgaire.

Les deux armées en présence.

Les deux grandes armées se mirent en mouvement à la fin de l'année. Le Prince de Condé & l'Amiral, ces proscrits, qui trois mois auparavant fuyoient sans être sûrs d'un asyle, traînant après eux leurs familles éplorées, sortirent des marais du bas Poitou avec des forces capables de tenir tête à toutes celles que le Roi avoit pu rassembler : ils s'avancerent jusqu'à Loudun, où ils trouverent le Duc d'Anjou, qui paroissoit comme eux ne chercher que l'occasion de livrer bataille.

CHARLES IX 1568.

Elles se séparent sans coup férir.

Mais le froid étoit si vif, que les courages sembloient aussi engourdis que les corps : les deux armées resterent quatre jours en présence, sans fossés, haies ni rivieres qui les séparât, & cependant à peine y eut-il quelques escarmouches. L'armée du Duc d'Anjou souffrit encore plus que celle du Prince, parce que celle-ci étoit à l'abri dans les fauxbourgs de Loudun, au lieu que les Royalistes campoient exposés à toute la rigueur de la saison ; aussi se retirerent-ils les premiers : les Confédérés ne tarderent pas à suivre leur exemple. Ils eurent l'honneur de la campagne, puisqu'ils conserverent leurs conquêtes dans le Poitou, l'Angoumois & la Xaintonge, où leurs troupes trouverent de bons quartiers d'hiver.

1569.

Etat florissant du Prince de Condé.

*De Thou, liv. XLIV, & XLV. Davila, liv. IV.*

Les affaires du Prince de Condé se trouvoient ainsi dans un état bien plus florissant que les commencements n'avoient laissé espérer. Beaucoup de villes, ou soumises, ou qui n'attendoient que l'occasion de se livrer, des provinces entieres subjuguées, une foule de noblesse aguerrie, unie par les mêmes sentiments, & se prêtant, la main d'un bout du Royaume à l'autre ; enfin, une puissante armée, commandée par d'habiles Généraux, tout cela promettoit au Prince l'avenir le plus flatteur. On ne sait si c'est dans ce temps qu'enivré de ses espérances, il fit battre une monnoie qui portoit son portrait, & pour légende ces mots : *Louis XIII, Roi de France.* D'autres prétendent, ou que cette monnoie n'a jamais existé, ou qu'elle a été supposée par ses ennemis pour le rendre odieux. Quoi qu'il en soit, s'il n'affecta pas le titre de Roi, il en exerça toutes les fonctions : droit de vie & de mort, levée de deniers, confiscation, vente des biens d'Eglise, ambassades chez l'étranger, traités & conventions publiques avec les Princes voisins, pensions, gratifications, enfin tout ce qui caractérise la puissance suprême, le Prince de Condé osa se le permettre, & sa hardiesse étoit couronnée du succès.

Troupes étrangeres au secours des deux partis.

Les Princes d'Italie envoyerent des troupes au Roi ; quelques-uns de ceux d'Allemagne en firent autant, sous la conduite du Marquis de Bade ; mais le Prince de Condé persuada la neu-

Charles IX 1569.

tralité à l'Empereur & au Duc de Saxe, pendant qu'il tiroit de l'Angleterre des canons & de nouveaux renforts en argent & en hommes, & qu'il lui venoit des bords du Rhin une nouvelle armée, commandée par un Prince de Baviere, Duc des Deux-Ponts.

Bataille de Jarnac.

*La Noue, troisieme trouble, chapitre 23.*

*Mém. de Condé, tome VI.*

La jonction de ces forces fixoit l'attention des deux partis. Condé vouloit gagner le centre de la France, pour recevoir les Allemands si-tôt qu'ils y auroient pénetré. Tavannes, qui, ne paroissant qu'en second sous le Duc d'Anjou, commandoit réellement, s'appliquoit à resserrer les Confédérés dans les provinces qu'ils occupoient, & à les empêcher de s'étendre, dût-il, pour y réussir, hasarder une bataille. Dans ces dispositions, on s'observoit des deux côtés, tâchant de se surprendre. Quelque part que le Prince de Condé portât ses pas, il trouvoit en face le Duc d'Anjou : plusieurs fois on crut l'action prête à s'engager ; il y eut de vives escarmouches ; des corps entiers combattirent ; enfin la querelle se décida le 13 Mars, sur les bords de la Cha-

Charente, auprès de Jarnac, petite ville frontiere du Limousin & de l'Angoumois.

CHARLES IX. 1569.

Tavannes fit une fausse marche, & revenant sur ses pas, il passa la riviere pendant la nuit, sans être apperçu des corps-de-garde ennemis, qui s'étoient éloignés du rivage, malgré les ordres précis des chefs. Ceux-ci n'eurent point le temps de rassembler leurs troupes, dont les quartiers étoient trop séparés ; & le Prince de Condé, avec une partie de son armée, chaudement poursuivi par les Royalistes, se trouva réduit à la fâcheuse alternative de fuir, ou de combattre avec désavantage.

Victoire des Catholiques. Funeste sort du Prince de Condé.

*D'Aubigné, t. I, liv. V, p. 394.*

*La Noue, ch. 23.*

En condamnant la conduite d'un Prince du sang qui porte les armes contre son Roi, on ne peut s'empêcher de s'intéresser au sort de l'infortuné Louis de Condé, ce Prince aimable, entraîné dans le tourbillon des guerres civiles, comme par une fatalité inévitable. Il se retiroit à la hâte, tâchant de joindre le reste de son armée qui se rassembloit ; mais pressé par les escadrons du Duc d'Anjou, il est forcé de tourner bride. Au

CHARLES IX 1569.

moment qu'il mettoit son casque pour charger, le cheval du Duc de la Rochefoucauld lui casse la jambe d'un coup de pied. Sans être troublé par la douleur de la blessure, Condé harangue ses gens, & fond tête baissée sur l'ennemi : le nombre accable bientôt sa foible troupe. Environné de tous côtés, renversé de son cheval, il combat encore long-temps un genou en terre, & ne se rend enfin que quand ses forces épuisées ne lui permettent plus de se défendre. On lui avoit promis la vie ; mais dans l'instant arrive Montesquiou, Capitaine des gardes du Duc d'Anjou, qui lui casse la tête d'un coup de pistolet par derriere.

Et de quelques autres.

*Il avoit été*, dit Brantôme, *recommandé à plusieurs favoris de Monseigneur.* On croit qu'il y eut des ordres de n'épargner aucun des Calvinistes un peu distingués. Le fameux Stuart, meurtrier du Connétable, fait prisonnier dans cette action, fut tué après la bataille à coups de poignard ; d'autres périrent comme lui, assassinés de sang froid. Déja le sévere Montpensier avoit prononcé au brave la Noue sa sentence de mort. *Mon ami*, lui dit-il durement, *votre procès est fait, & de vous, & de tous vos compagnons; songez à votre conscience.* Martigues, Capitaine de l'armée royale, qu'on appelloit *le soldat sans peur*, ancien camarade de la Noue, le sauva, & il fut ensuite échangé.

Espérances de la Cour.

La nouvelle de cette victoire vola bientôt par toute la France; le Roi la reçut à Metz, où il s'étoit rendu pour appuyer de sa présence le Duc d'Aumale, qui commandoit une armée destinée à empêcher le Duc des Deux-Ponts d'entrer dans le Royaume. La Cour ne manqua pas de se flatter qu'après la mort du chef, le Duc d'Anjou n'auroit point de peine à exterminer les restes de la faction; mais, contre toute apparence, une perte si grande n'apporta presqu'aucun changemeut aux affaires.

Rendues vaines par la Reine de Navarre.

Les Réformés eurent obligation de leurs ressources à la fermeté de Jeanne d'Albret, Reine de Navarre. Instruite de leur déroute, elle part de la Rochelle, & se rend en diligence à Cognac, ville de l'Angoumois, où s'étoient rassemblés l'Amiral, d'Andelot, les autres Capitaines, & les

CHARLES IX 1569.

débris de l'armée. Elle menoit avec el e Henri son fils, Prince de Béarn, âgé de seize ans, & le fils ainé du Prince de Condé, de quelques années plus jeune. Jeanne tenant ces deux enfants par la main, s'avance à la vue des soldats, & leur adresse ce discours : « Amis, nous pleurons un „ Prince qui jusqu'à la mort a sou„ tenu, avec autant de fidélité que „ de courage, le parti dont il avoit „ entrepris la défense ; mais nos lar„ mes ne seroient pas dignes de lui, „ si, à son exemple, nous ne prenions „ une ferme résolution de nous sacri„ fier pour notre Foi. La bonne cause „ n'a pas péri avec Condé, & son „ malheur ne doit point jeter dans le „ désespoir des hommes attachés à „ leur Religion. Dieu veille sur les „ siens. Il avoit donné au Prince des „ compagnons en état de le seconder „ pendant sa vie, & il nous laisse de „ braves Capitaines, capables de ré„ parer la perte que nous avons faite „ par sa mort. Je vous offre le jeune „ Prince de Béarn mon fils ; je vous „ confie Henri, fils du Prince qui „ excite nos regrets. Fasse le Ciel

„ qu'ils se montrent l'un & l'autre „ dignes héritiers de la valeur de leurs „ ancêtres, & que la vue de ces ten- „ dres gages vous excite sans cesse à „ rester unis, pour le soutien de la „ cause que vous défendez ! „

Le Prince de Béarn reconnu chef du parti.

Des cris d'applaudissement se firent entendre dans toute l'armée; ils ne furent interrompus que par le Prince de Béarn, qui, s'avançant d'un air guerrier, dit : *Je jure de défendre la Religion, & de persévérer dans la cause commune, jusqu'à ce que la mort ou la victoire nous ait rendu à tous la liberté que nous desirons.* Le jeune Condé fit connoître par son geste qu'il étoit dans la même résolution, & aussi-tôt le Prince de Béarn fut proclamé Généralissime.

L'Amiral commande sous lui.

On vit alors ce que peut le mérite contre le préjugé. Plusieurs Seigneurs d'une naissance illustre, se regardant comme les égaux de l'Amiral, dédaignoient de se soumettre à son commandement; mais si-tôt que le point d'honneur fut en quelque façon sauvé par le nom du Prince, ils n'hésiterent plus à recevoir les ordres de Coligni. Son premier soin fut de se tracer un

CHARLES IX 1569.

plan d'opérations qui pût retarder les progrès des vainqueurs ; dans cette vue, il fortifia d'une bonne garnison Cognac, & les autres places menacées : pour lui, avec les Princes & les restes de l'armée, dont l'infanterie étoit presque toute entiere, il se retira à Xaintes, & de-là à Saint-Jean-d'Angéli. Par cette position, il se réservoit la liberté, ou de traverser les sieges qu'on méditoit, ou, s'il étoit poursuivi, de s'ouvrir un chemin vers les Allemands, qui avançoient sous la conduite du Duc des Deux-Ponts. Espérances bien hasardées, à juger de l'événement futur par les circonstances actuelles.

Son embarras. *La Noue*, ch. 25.

D'un côté, pour se joindre à l'Amiral, le Duc des Deux-Ponts avoit à traverser une grande partie de la France, sans villes de retraite, toujours harcelé par l'armée du Duc d'Aumale, presqu'aussi nombreuse que la sienne, & par une autre plus forte encore, sous les ordres du Duc de Nemours. Il étoit bien difficileq ue quelqu'accident ne troublât une marche si longue & si embarrassée. D'un autre côté, quelle apparence que les

Royalistes victorieux ne poursuivissent pas l'Amiral, puisque lui battu une seconde fois, les forteresses des Calvinistes tomboient d'elles-mêmes? Cependant ni l'un ni l'autre de ces malheurs, qui auroit pu détruire le parti, n'arriva.

Les Royalistes perdent du temps.

Le Duc d'Anjou, âgé de dix-sept ans, montra dans la bataille de Jarnac la plus grande valeur : il chargea plusieurs fois à la tête de ses escadrons, se mêla fort avant parmi ceux des ennemis, & eut un cheval tué sous lui ; mais après la victoire, son feu parut s'éteindre, & on put dès-lors remarquer en lui ces alternatives d'activité & de nonchalance qui rendirent depuis son regne si orageux. Il eut en cette occasion pour témoin & émule de sa gloire le Duc de Guise, à peu près du même âge, mais laborieux, constant dans ses projets, & ne croyant jamais avoir rien fait, tant qu'il lui restoit quelque chose à faire : ainsi la Providence réunissoit dans l'apprentissage des armes & des troubles, deux rivaux qui devoient dans la suite faire l'un contre l'autre de si funestes essais de leur expérience.

CHARLES IX. 1569.

Ils échouent dans de petites entreprises.

*La Noue, ch. 24.*

Quoique le Duc d'Anjou ne prêtât que son nom au commandement, il étoit impossible que son caractere n'influât un peu sur les opérations. Soit condescendance de la part de Tavannes & des autres chefs ; soit, comme quelques Historiens le soupçonnent, envie de prolonger la guerre, il y eut des lenteurs, ou fondées, ou prétextées : on attendit le gros canon plusieurs jours depuis la bataille ; & ce ne fut qu'après avoir laissé aux vaincus tout le temps de se fortifier, qu'on investit Cognac. L'attaque fut d'abord assez vive, mais la défense y répondit. *On leur fit bien connoître*, dit la Noue, *que tels chats ne se prennent pas sans mitaines.* En effet, l'armée catholique fut obligée de lever le siege, & ses exploits, jusqu'au milieu de l'été, se bornerent à la prise de quelques places peu importantes.

Mort de Brissac.

*Brantôme, tome IX. p. 238.*

Sous les murs de Mucidan, petit château dans le Périgord, périt Brissac, Colonel de l'infanterie françoise, que Brantôme, tout porté qu'il est à l'indulgence en tout genre, ne peut s'empêcher de blâmer. *Il étoit*, dit-il, *trop cruel au combat, & prompt à tuer, & aimoit cela jusques-là qu'avec sa dague il se plaisoit à s'acharner sur une personne, à lui en donner des coups, jusques-là que le sang lui en rejaillissoit sur le visage.* Exemple de cruauté révoltant, mais qu'il est bon de rapporter, pour faire voir combien la fureur des guerres civiles endurcit les cœurs.

Le Duc des Deux-Ponts, chefs des Allemands, arrive en sûreté, & meurt.

Les forces du Roi, quoiqu'infiniment supérieures, sous la conduite des Ducs de Nemours & d'Aumale, ne prospérerent pas davantage contre le Duc des Deux-Ponts. Il évita tous leurs pieges, les battit quand ils s'approcherent trop, & arriva sans être entamé sur les bords de la Loire. Au moment qu'il comptoit y être arrêté par le siege de la Charité, dont le pont étoit sa seule ressource, la ville, abandonnée par le Gouverneur, lui ouvrit ses portes. Le Duc traversa ce fleuve, & s'avança tranquillement vers les bords de la Vienne, où se devoit faire la jonction. Mais prêt à goûter le fruit de ses travaux, la mort, dont une fievre opiniâtre le menaçoit depuis long-temps, le frappa à trois lieues de Limoges.

CHARLES IX 1569. Mort de d'Andelot.

Pareille maladie, ou, selon quelques-uns, le poison venoit d'enlever d'Andelot, dans le temps que l'Amiral chargé seul du fardeau des affaires, avoit le plus grand besoin d'un frere, si capable de le seconder. D'Andelot étoit vrai & sincere, & entre les chefs des Calvinistes, un des plus persuadés de sa Religion. Naturellement franc, ouvert & généreux, il s'attiroit autant l'amitié, que son frere, plus sévere & plus réservé, se concilioit d'estime. Coligni ressentit cette perte, mais sans en être abattu; au lieu de s'amuser à répandre des larmes sur le tombeau d'un frere si chéri, il courut au-devant des Allemands.

Son caractere.

Jonction des Allemands aux Confédérés.

En mourant, le Duc des Deux-Ponts leur avoit recommandé de prendre pour Général Volrand de Mansfeld, son Lieutenant. Il fut obéi. L'armée lui prêta serment, & ce fut sous sa conduite que le 15 Juin, quatre jours après la mort de son chef, elle se joignit à l'Amiral, au milieu de la Guyenne, après être partie des bords du Rhin. En mémoire de ce fameux événement on frappa une médaille, qui portoit d'un côté les portraits de la Reine de Navarre & de son fils, & de l'autre cette légende : *Paix assurée, victoire entiere, ou mort glorieuse.*

CHARLES IX 1569.

La Noue marque son étonnement de ce que les Ducs de Nemours & d'Aumale, & tant de chefs expérimentés, qui étoient dans l'armée Royale, laisserent une armée ennemie, inférieure en nombre, traverser la France & passer la Loire sous leurs yeux, sans y mettre obstacle. *Mais*, ajoute-t-il, *aucuns Catholiques disoient que le discord qui survint entr'eux, leur fit faillir de belles entreprises. Je ne sais ce qui en est : toutefois, j'ai appris que leurs ennemis eurent peu de connoissance de leurs piques.*

Favorisée par une intrigue de Cour. *La Noue, ch.* 24.

Ce mystere de Cour, que les intéressés même ne purent découvrir dans le temps, nous est révélé dans les Mémoires de Tavannes. Nous y apprenons qu'il y avoit une grande mésintelligence à la Cour. La Reine, qui après la mort du Connétable avoit donné le commandement des troupes au Duc d'Anjou, à peine sorti de l'enfance, pour disposer seule du gou-

*Mém. de Tavan. pag.* 336 & 342.

Charles IX 1569.

vernement, commençoit à être de nouveau traversée par les Guises. Le Cardinal de Lorraine, adroit courtisan, flattoit Charles IX, se rendoit complaisant à ses goûts, & s'insinuoit dans sa confiance. Le but du prélat étoit d'obtenir des commandements pour ses freres, son neveu, & leurs créatures. Il ne blâmoit pas ouvertement le choix de la Reine; mais il faisoit entendre au Roi que la préférence donnée au Duc d'Anjou portoit préjudice à sa Majesté; que son frere se couronnoit de lauriers, pendant que lui, plus âgé, languissoit dans l'inaction; qu'il vaudroit bien mieux devoir ces succès à quelque Capitaine étranger, comme le Duc d'Albe, ou à quelques Seigneurs François, dont toute la gloire rejailliroit sur le Roi, au lieu qu'on ne parloit que du Duc d'Anjou.

Le Cardinal de Lorraine craint de la Reine.

Ainsi le Prélat versoit dans ce jeune cœur le poison de la jalousie. La Reine s'appercevant qu'elle perdoit la confiance de son fils, crut devoir céder quelque chose au Cardinal, afin de prévenir un plus grand mal. Elle donna aux Ducs de Nemours

& d'Aumale, la conduite des armées destinées à croiser les Allemands : mais Tavannes fait assez entendre qu'elle prit des mesures secrettes, pour empêcher que le triomphe des parents du Cardinal ne donnât au Prélat un nouveau crédit. Réservant tout l'éclat du succès au Duc d'Anjou, elle alla dans son camp, & mena avec elle le Cardinal de Lorraine, moins sans doute pour s'aider de ses conseils, que pour l'éloigner du Roi, auprès duquel sa présence étoit trop dangereuse.

CHARLES IX 1569.

Il essuya une mortification. Comme les deux armées Royaliste & Calviniste s'approchoient, le Cardinal faisant parade d'une habileté qui n'étoit pas de son état, conseilla de charger les Confédérés. Tavannes s'y opposa, soupçonnant une ambuscade, qui se trouva véritable. *A chacun son métier n'est pas trop*, lui dit Tavannes brusquement. *Il est impossible d'être bon prêtre & bon gendarme.*

Sa suffisance. *Mém. de Tavannes*, p. 338.

Les forces des Confédérés réunies, montoient à plus de vingt-cinq mille hommes. Les Catholiques l'emportoient par le nombre. On n'étoit qu'à

Combat avantageux aux Confédérés.

CHARLES IX
1569.

un quart de lieue, & l'ardeur de combattre enflammoit également les uns & les autres. Cependant l'effort de ces armées, n'aboutit qu'à une escarmouche, à la vérité très-vive. Les Calvinistes l'engagerent en Limousin, dans un endroit nommé *la Roche-l'Abeille*. Ils en eurent tout l'avantage. On remarqua qu'ils ne firent presqu'aucun quartier : acharnement qu'ils payerent bien cher dans la suite.

Caractere de Strozzi. *Brantôme.*

Strozzi, nouveau Colonel de l'infanterie Françoise, forcé de se rendre, après avoir fait des prodiges de valeur dans cette journée, courut risque d'être massacré comme les autres prisonniers. Il prétexta quelque chose à dire en particulier à l'Amiral qui le sauva. *Il étoit très-homme de bien*, dit Brantôme. *La plus grande part le tenoit de legere foi. Il n'étoit pas certainement bigot, hypocrite, mangeur d'images, ni grand auditeur de messes & sermons ; mais il croyoit très-bien d'ailleurs ce qu'il falloit croire touchant sa créance.* Portrait naïf de la plupart des autres Capitaines, qui se battoient pour la Religion, sans en être plus dévots.

CHARLES IX 1569.

La journée de la Roche-l'Abeille n'ayant rien décidé, le Duc d'Anjou rompit son armée à la fin de Juin, renvoya les Gentilshommes chez eux, & mit les soldats en quartier de rafraîchissement, en leur laissant ordre de rejoindre les drapeaux le premier Octobre. Cela se fit sous le prétexte d'éviter une bataille. *Quoi qu'un membre soit pourri*, disoit la Reine, *on ne le coupe qu'à regret.* Parole qui fait honneur à son humanité, quoique ce ne soit peut-être pas le motif qui détermina à licencier les troupes, mais bien plutôt l'espérance de forcer l'ennemi de s'attacher à quelque siege, pendant lequel les grandes chaleurs lui feroient plus de tort qu'un combat.

Le Duc d'Ajou sépare son armée.

Il fallut bien en effet en venir à ce genre de guerre, puisqu'il n'y avoit plus d'ennemis en campagne. Après avoir fouragé le plat pays, pris nombre de petites villes & de bourgs, d'où on tira des contributions qui servirent à payer les Allemands, l'Amiral vint avec toutes ses forces se présenter devant Poitiers. Ce n'étoit pas son premier dessein ; il auroit voulu s'assurer

Siege de Poitiers par l'Amiral.
*De Thou, liv. XLV.*
*Davila, liv. V.*
*La Noue.*

CHARLES IX
1569.

du bas-Poitou, que les Calvinistes appelloient *leur vache à lait*, marcher ensuite à Saumur, ville peu fortifiée qui a un pont sur la Loire, s'y établir de maniere à avoir toujours ce passage à sa disposition, & s'en servir pour porter en automne la guerre vers la capitale, *qu'ils pensoient n'être jamais inclinée à la paix, qu'elle ne sentît le fléau à ses portes*. Mais plusieurs Gentilshommes qui avoient leurs biens autour de Poitiers, insisterent si vivement pour le siege de cette ville, que l'Amiral s'y détermina.

Arrêt du Parlement de Paris contre les chefs Confédérés.

Il avoit auparavant fait une tentative auprès du Roi, à qui il fit présenter une requête tendante à obtenir la paix. Mais la Cour répondit que sa majesté n'écouteroit pas ses sujets révoltés, qu'ils n'eussent posé les armes. Peu de temps après, cette réponse sévere fut appuyée par un arrêt du Parlement de Paris, qui condamnoit Coligni à mort, mettoit sa tête à prix, ordonnoit que ses biens seroient confisqués, & ses châteaux rasés. Pareil Arrêt rendu contre Jean de Ferrieres, vidame de Chartres, & contre Montgommeri, fut exécuté sur leurs effigies. L'Amiral pensa être victime de plusieurs scélérats, à qui l'impunité & la récompense promise firent concevoir le dessein d'attenter à ses jours. Leurs projets furent découverts, & Coligni les fit punir. Pendant ce temps, Montgommeri faisoit heureusement la guerre en Béarn, & préparoit des secours qui furent depuis très-utiles aux Confédérés.

Belle défense de Poitiers.
*La Noue.*

Sur le bruit d'un siege, le Duc de Guise, & le Duc de Mayenne son frere, se jeterent dans Poitiers avec une troupe de noblesse : la ville étoit d'ailleurs pourvue d'une nombreuse garnison, de vivres & de munitions de toute espece. *Ces grandes cités*, disoit l'Amiral, *sont les sépultures des armées.* Peu s'en fallut que la ruine de la sienne ne fût une nouvelle preuve de cette observation.

Dans ce siege meurtrier, on ne ménagea la vie des hommes de part ni d'autre ; les assiégés faisoient des sorties fréquentes, peu inquiets du nombre de soldats qu'ils y laissoient, pourvu qu'ils fissent du mal à l'ennemi. L'Amiral multiplioit les assauts à travers les inondations, les feux,

CHARLES IX 1569.

les huiles bouillantes, sur des breches escarpées, moins défendues encore par leur roideur, que par la bravoure de la garnison; ainsi le temps se consumoit, & le siege traînoit beaucoup plus que Coligni n'avoit compté.

Pour comble de malheur, les maladies se mirent parmi les Allemands, peu accoutumés aux chaleurs de nos climats, & usant sans modération des raisins & des autres fruits que l'automne présentoit en abondance: des étrangers, l'épidémie passa aux François; des régiments entiers étoient forcés d'interrompre le service, ce qui surchargeoit les autres; les gens de marque se retiroient à la file à Châtellerault, qui devint comme l'infirmerie de l'armée. On fit éloigner du camp les Princes de Béarn & de Condé, dans la crainte de la contagion; & à la fin l'Amiral se trouva presque seul Officier général, attaqué lui-même d'une cruelle dyssenterie, mais supérieur à tous les événements par son courage & sa fermeté.

L'Amiral leve le siege. D. Thou, liv XLVI. Davila, livre V.

Cependant il étoit à la veille de se retirer avec honte, si le Duc d'Anjou ne lui eût fourni un prétexte hon-

CHARLES IX 1569.

nête de lever le siege. Ce Prince ayant rassemblé une partie de son armée beaucoup plutôt qu'on ne pensoit, vint au commencement de Septembre assiéger Châtellerault: Coligni saisit cette occasion d'abandonner une entreprise devenue impossible ; il quitte Poitiers, & vole au secours de ses malades renfermés dans la ville attaquée. Content d'avoir délivré Poitiers, le Duc d'Anjou, après un sanglant assaut, s'éloigne, pour n'être pas contraint à une bataille que desiroit l'Amiral, plus fort que lui : mais bientôt la face des affaires changea ; il vint de tous côtés des troupes au Duc d'Anjou ; avec ces renforts, le jeune Prince se mit à la poursuite de Coligni, qui recula à son tour.

Disposition des esprits dans les deux armées. *La Noue.*

Il y eut dans la fin de Septembre des marches, des contre-marches & des escarmouches : une fois, entr'autres, les deux armées se trouverent à la portée du mousquet, rangées en bataille près de Montcontour, petite ville du Poitou ; un simple défilé les séparoit : les Catholiques n'oserent le passer, & la nuit sauva les Confédérés, qui ne sentirent pas leur bonheur.

CHARLES IX
1569.

Le plus grand nombre d'entr'eux demandoit la bataille avec empressement ; d'un côté, les Allemands éclatoient en plaintes de ce qu'ils n'étoient point payés, & ils insistoient sur la nécessité de combattre, afin de se procurer des quartiers plus avantageux, & un butin qui leur tînt lieu de solde. Les Gentilshommes françois murmuroient de ce qu'après les avoir tenus depuis un an éloignés de leurs maisons, dans les glaces de l'hiver, sous le soleil brûlant de l'été, on parloit de les retenir encore, sans espérance d'une affaire décisive. Des plaintes, plusieurs passerent aux effets, & abandonnant les drapeaux, se retirerent dans leur pays.

*La Noue, ch. 26.*

Même mécontentement régnoit dans l'armée royale, à ce que rapporte la Noue, instruit par deux Gentilshommes, qui la nuit avant la bataille tinrent ce propos à *aucuns de la Religion* qu'ils rencontrerent : *Messieurs, nous portons marques d'ennemis, mais nous ne vous haïssons nullement, ni votre parti. Advertissez M. l'Amiral qu'il se donne bien garde de combattre, car notre armée est mer-*

*veilleusement puissante pour les renforts qui y sont survenus, & est avecques cela bien délibérée ; mais qu'il temporise un mois seulement, car toute la noblesse a juré & dit à Monseigneur qu'elle ne demeurera pas davantage, & qu'il les emploie dans ce temps-là, & qu'ils feront leur devoir. Qu'il se souvienne qu'il est périlleux de heurter contre la fureur françoise, laquelle pourtant s'écoulera soudain ; & s'ils n'ont promptement la victoire, ils seront contraints de venir à la paix, pour plusieurs raisons, & la vous donneront avantageuse.*

Bataille de Montcontour

Le conseil étoit excellent ; Coligni vouloit le suivre, mais comme il venoit des ennemis, il parut suspect : on convint cependant de ne rien précipiter, & de chercher du moins une position meilleure que celle des environs de Montcontour, où on se retrouvoit une seconde fois ; mais quand le 3 Octobre l'Amiral voulut décamper, les Reitres & les Lansquenets se mutinerent : le temps se perdit à les appaiser ; l'armée royale survint, il fallut combattre.

Une demi-heure décida du sort

Charles IX 1569.

Déroute entiere des Confédérés.

des Calvinistes ; ils ne soutinrent le premier choc qu'en chancelant ; dès la seconde charge ils se débanderent, & ce ne fut plus un combat, mais un massacre : les Catholiques s'exciterent à n'épargner personne, en criant : *La Roche-l'Abeille*, nom de la rencontre dans laquelle les Calvinistes avoient auparavant massacré leurs prisonniers d'une maniere si inhumaine. L'Amiral faisant le devoir de Capitaine & de soldat, eut la mâchoire inférieure fracassée d'un coup de pistolet. Couvert du sang des ennemis, étouffé par celui qui sortoit de sa plaie, pouvant à peine se faire entendre, il donnoit des ordres, combattoit toujours, couroit au-devant des fuyards, les ramenoit à la charge ; mais il fut enfin emporté par le nombre. Champ de bataille, drapeaux, canons, bagages, tout resta aux Catholiques ; des corps entiers furent de sang froid passés au fil de l'épée, quoiqu'ils jetassent les armes & demandassent quartier ; les autres se disperserent, & d'une armée de vingt-cinq mille hommes, il n'en resta pas cinq ou six mille ensemble, qui accompagnerent les Princes & l'Amiral à Saint-Jean-d'Angeli.

CHARLES IX. 1569. l'Amiral releve leur courage.

L'abattement, la consternation des vaincus rendus à eux-mêmes, est inexprimable : ils se représentoient la colere du Roi appésantie sur eux dans toutes les provinces, leurs biens confisqués, eux-mêmes proscrits ; ils ne voyoient tous d'autre ressource que de se jeter dans le premier vaisseau, & de se sauver en Angleterre, en Danemarck, en Suede, dans tous les pays de leur communion qui voudroient leur donner asyle. " Eh quoi, „ *leur dit l'Amiral*, auriez-vous donc „ la lâcheté d'abandonner vos famil„ les à la merci des ennemis, comme „ s'il ne vous restoit pas d'autre res„ source? N'avons-nous pas l'alliance „ de l'Allemagne, cette mine d'hom„ mes intarissable, qui ne nous lais„ sera pas manquer de soldats? L'a„ mitié de l'Angleterre, où mon frere „ sollicite du secours, qui ne peut „ tarder? N'avons-nous pas enfin „ l'armée de Montgommeri, vain„ queur du Béarn, toute composée „ de braves soldats, prêts à se join„ dre à nous quand nous les appel-

CHARLES IX 1569.

„ lerons ? Il ne s'agit que de ne point „ désespérer ; & tandis que les enne- „ mis consommeront l'hiver à prendre „ des places, nous pourrons nous for- „ tifier assez pour recommencer la „ guerre au printemps, & obtenir une „ paix avantageuse „.

Ils se mettent en sureté.

Ces espérances présentées par un homme dont on connoissoit la prudence, firent impression. On écrivit en Angleterre, en Danemarck, en Suede, aux Pays-bas, & on pressa les levées d'Allemagne déja commencées. Les Princes envoyerent à Montgommeri des ordres précis de venir les joindre dans le haut Languedoc ; & ils partirent, bien sûrs, à ce qu'on peut raisonnablement conjecturer, de n'être point traversés par Damville, fils du défunt Connétable, Gouverneur de cette province, avec qui les Confédérés avoient de secrettes intelligences.

Sont favorisés par les mécontents. *Montluc, liv. VII.*

C'étoient ces menées sourdes qui les sauvoient, & le principe en étoit à la Cour. Les ruses, les finesses de la Reine mere, en la faisant parvenir à son but pour le moment, mécontentoient toujours quelqu'un, qui s'en qui s'en souvenoit dans l'occasion. Un défaut d'égards avoit aigri Damville, que nous avons vu si contraire aux Huguenots. Après la mort du Connétable son pere, voyant un enfant à la tête des troupes, sa famille négligée au point de n'avoir aucun commandement, il voulut faire sentir qu'il pouvoit être nécessaire. De-là, la tolérance que l'Amiral & les Princes éprouverent dans son gouvernement, malgré les ordres pressants & réitérés du Roi (*a*).

CHARLES IX 1569.

Il n'est point étonnant que la Cour ne fût point d'accord avec elle-même. La victoire de Montcontour célébrée avec trop d'éclat, réveilla la jalousie du Roi. Il partit pour l'armée, & on sentit bien qu'il y alloit moins pour appuyer les succès du Duc d'Anjou

Qui font une brigue à la Cour. *Mém. de Tavannes.*

(*a*) M. de Thou veut justifier Damville de connivence, par le témoignage de la Noue, qui dit *qu'en tout le voyage nul ne fit si vivement la guerre à l'armée des Princes, que lui.* Et il en rapporte pour preuve, qu'il leur défit quatre ou cinq compagnies de chevaux. Mais s'il n'y avoit point eu collusion, Damville se joignant à Montluc, étoit en état de remporter des avantages beaucoup plus considérables, & sur-tout d'empêcher que les environs de Toulouse ne fussent dévastés. Montluc se plaint amerement, *dans ses Commentaires*, de l'espece d'abandon où Damville le laissa. Il paroît que la Noue, si exact dans le récit des opérations militaires, n'étoit pas toujours bien instruit des intrigues du cabinet.

CHARLES IX 1569.

son frere, que pour s'en attirer la gloire. Le jeune Monarque n'étoit pas le seul que la jalousie tourmentoit. Les anciens Généraux, tels que le Maréchal de Cossé-Gonnor, le Duc de Montpensier, & beaucoup d'autres voyant le commandement entre les mains de nouveaux capitaines, sous le nom d'un enfant, ne se soucioient point de contribuer à finir une guerre dont ils n'auroient pas l'honneur. Les Montmorencis également négligés, outre ces motifs qui leur étoient communs avec les vieux Généraux, conservoient un penchant secret pour l'Amiral leur parent. Enfin, le Cardinal de Lorraine & les autres Guises n'agissoient que mollement. Peu leur importoit que les Huguenots fussent écrasés, puisque ce ne seroit point par leurs mains, & qu'on affectoit au contraire de les confondre entre les commandants en second, de peur que quelqu'exploit signalé ne leur rendît la faveur des Catholiques.

On y prend un mauvais parti.

Chacun porta ces dispositions secrettes dans un conseil qui fut tenu pour décider de l'usage qu'on feroit de la victoire. Tavannes insista fortement sur la poursuite des vaincus. Il falloit, disoit-il, masquer avec une partie de l'armée les villes révoltées, qui tomberoient d'elles-mêmes ; & avec l'autre partie plus forte, se mettre à la chasse des ennemis, les harceler, les pousser de poste en poste, ne leur pas donner un moment de relâche, jusqu'à ce qu'on les eût forcés d'abandonner le royaume, ou de se jeter dans quelque mauvaise place qui deviendroit leur tombeau. Une foule de raisons militoit en faveur de cet avis. On n'en opposa aucune solide; cependant il fut conclu qu'on s'attacheroit aux sieges.

CHARLES IX. 1569. *Mém. de Tavannes.*

Tavannes fit des représentations, s'obstina, dit qu'il aimoit mieux quitter, que de sacrifier ainsi les intérêts de l'Etat. C'est ce qu'on desiroit : le Roi lui donna son congé, & il se retira dans son gouvernement de Bourgogne. Montpensier & les autres Généraux prirent, sous le nom du Roi, le commandement des troupes, sans que le Duc d'Anjou eût de préférence. Il n'est pas marqué que la Reine en témoigna pour lors aucun ressen-

CHARLES IX 1569.

timent. Catherine voyoit ses créatures éloignées, le Duc d'Anjou, dont elle regardoit les exploits comme son ouvrage, mortifié; elle aimoit ce Prince, parce qu'il étoit docile à ses volontés : son cœur souffrit, mais elle ne crut pas devoir se plaindre hautement, de peur d'attirer à ce fils bien-aimé une disgrace plus éclatante de la part de son frere, Roi, & jaloux. On vit bien seulement qu'elle ne s'intéressa plus si ardemment au succès d'une campagne, dont ses rivaux de gouvernement lui enlevoient l'honneur. Ainsi les brouilleries de la Cour tournerent au profit des confédérés.

Il paroît d'abord le meilleur. *La Noue.*

Le Roi s'applaudit d'abord du parti pris d'attaquer les places des Religionnaires. Six des plus fortes se rendirent sans presqu'aucune défense. On s'imaginoit qu'il en seroit de même de toutes les autres, & que bientôt la Rochelle, regardée comme la capitale, dénuée de ses boulevards, tomberoit entre les mains des vainqueurs. Mais on changea d'opinion quand on en vint à Saint-Jean d'Angéli, défendu par le seigneur de Piles. Cette ville tint deux mois, & ne se rendit qu'à l'extrêmité. L'hiver arriva, il fallut mettre les troupes en quartier; & le fruit d'une victoire si complette, l'effort d'une armée royale si formidable, fut la prise de quelques places médiocres, pendant que la Rochelle, la plus utile de toutes, restoit aux vaincus, & que les Princes rétablissoient leurs affaires, à l'aide d'un délai qu'ils n'avoient point osé se promettre.

Les confédérés en profitent pour se rendre plus redoutables.

La Noue, ch. 26 & 27.

Il faut entendre la Noue raisonner sur cet événement. *Quand on donne*, dit-il, *à un grand chef de guerre du temps pour enfanter ce que son raisonnement a conçu, non-seulement il reconsolide les vieilles blessures, ainsi il redonne force aux membres qui avoient langui. Pour cette raison le doit-on divertir & embarrasser toujours, pour rompre le cours de ses desseins.* L'Amiral concevoit que si on eût vivement poursuivi sa petite troupe, pendant qu'elle se retiroit en Languedoc, il lui auroit été très-difficile de se sauver, parce qu'il n'avoit que de la cavalerie, *non moins harrassée qu'extenuée*, & que les seuls paysans & les

CHARLES IX 1569.

petites garnisons des endroits où ils passoient, les mettoient souvent dans le plus grand désordre. Tout le fond de son armée consistoit en trois mille chevaux; *Mais laissant rouler sans nul empêchement cette pelotte de neige, en peu de temps elle se fit grosse comme une maison.* L'affabilité des jeunes Princes gagnoit toute la noblesse des lieux qu'ils parcouroient. On fit dans le Languedoc & le Dauphiné de fortes recrues d'infanterie. A ce corps déja redoutable, se joignirent les troupes de Montgommeri, victorieuses du Béarn. En peu de temps, l'abondance que les soldats trouverent dans leurs quartiers établis autour de Montauban, ville du Querci, rétablit ces troupes délabrées, *& refit comme de nouveaux corps aux hommes.*

*La Noue.*

Mais cette armée bien pourvue de santé, de viguéur & de courage, manquoit d'argent & de munitions; & c'est où l'on sentit l'utilité de la Rochelle. *Les villes qui sont comme les appuis, non-seulement des armées, mais aussi des guerres, doivent être puissantes & abondantes, afin que, comme de grosses sources d'où décou-*

*lent de gros ruisseaux, elles puissent fournir les commodités nécessaires à ceux qui ne peuvent les avoir d'ailleurs. Ceci a fait dire à quelques Catholiques, qu'ils n'estimoient pas les Huguenots trop lourdauds, d'autant qu'ils avoient toujours été soigneux & diligents de s'approprier de très-bonnes retraites.* Les secours que les Princes tirerent de cette ville, firent connoître *que c'étoit une bonne boutique, & bien fournie.* Elle équipa quantité de vaisseaux, qui firent de très-riches prises. Les armateurs s'y multiplierent, *encore que souvent il advînt qu'aux proies que leurs griffes avoient attrapées, les ongles de la picorée terrestre donnassent de terribles pinçades.* L'Amiral prenoit le dixieme du butin. L'argent qui provint de ce droit servit à approvisionner l'armée.

1570. Ils reparoissent en force. *De Thou, liv. XLVII. Davila, liv. V. La Noue.*

Au commencement du printemps, les Calvinistes descendirent des montagnes du haut Languedoc, & se déborderent dans la plaine de Toulouse. Il mirent tout à feu & à sang, surtout dans les maisons des Conseillers & Présidents du Parlement, *pour ce qu'ils avoient toujours été âpres à faire*

CHARLES IX 1570.

*brûler les Luthériens & Huguenots. Ils trouverent cette revanche bien dure; mais on dit qu'elle leur servit d'instruction pour être plus moderés à l'avenir.*

Il avancent vers Paris.

De-là ils avancérent vers la Loire, pillant, renversant, mettant tout à contribution, marchant enseignes déployées droit au centre du royaume, toujours persuadés qu'ils n'obtiendroient une paix avantageuse, que quand ils feroient sentir à la capitale les incommodités de la guerre.

Combat d'Arnay-le-Duc indécis.

Au milieu de leurs succès, Coligni fut attaqué d'une maladie qui le réduisit à l'extrêmité. La crainte présente de le perdre, fit mieux sentir tout son mérite. Que seroit devenue l'armée, entre les mains des Princes de Béarn & de Condé, deux enfants à la vérité pleins de courage & d'intrépidité, mais incapables de vues & de desseins? On parloit déja de se séparer, lorsque la violence du mal se ralentit: l'espérance revint avec sa santé, & l'armée pénétra en Bourgogne. Elle trouva en présence celle du Maréchal de Cossé-Gonnor, forte de treize mille hommes, qui avoit ordre de risquer une bataille, plutôt que de laisser les Calvinistes approcher de Paris. Ceux-ci, au nombre de six mille hommes, tout au plus, eurent l'audace de combattre le 25 Juin près d'Arnai-le-Duc, & la victoire resta indécise. On pourroit néanmoins dire qu'ils gagnerent la bataille, puisqu'ils ne furent point arrêtés dans leur course. Ils se jeterent dans le pays situé entre l'Yonne & la loire, où ils vécurent à discrétion, & se mirent en état de pénétrer jusqu'à l'Orléanois & à l'Isle-de-France, théatres de leurs premiers combats.

CHARLES IX 1570.

Il n'y avoit plus à différer : il falloit faire la paix, ou détruire jusqu'au dernier ces hommes, déterminés à soutenir les nouveaux autels, ou à s'ensevelir sous leurs ruines. On avoit parlé d'accommodement aussitôt après la bataille de Montcontour; mais les conditions parurent si dures aux Réformés, qu'ils ne voulurent point y entendre. La Reine de Navarre sur-tout se déclara avec tant d'aigreur contre le Cardinal de Lorraine, que la cour jugea toute négociation inutile, tant que le Prélat y resteroit. Cependant on entre-

Pourparlers de paix. *Castelnau, liv VII, ch. 10. La Noue.*

Charles IX 1570.

tint toujours quelqu'intelligence, tant par lettres que de vive voix. Les Confédérés eurent même permission d'envoyer au Roi des députés, qui furent bien reçus. Charles IX leur en envoya, dont les propositions parurent plus tolérables. Des deux côtés enfin, on étoit réduit au point que la plus mauvaise paix sembloit préférable à une guerre avantageuse.

Raisons des deux partis pour la desirer.

Après la victoire de Montcontour, s'imaginant que tout étoit fini, le Pape, les Princes d'Italie & le Roi d'Espagne, avoient redemandé leurs soldats. Les Allemands s'étoient retirés faute de solde; de sorte que le Roi, outre quelques compagnies, sous des gentilshommes volontaires, n'avoit de troupes assurées que quatre à cinq mille Suisses, & pas un sou dans les coffres pour les payer. Soit connivence de la part des gouverneurs, soit plus grande bravoure de la part des Confédérés, la guerre se faisoit à l'avantage de ceux-ci dans toutes les provinces. Plusieurs entreprises sur la Rochelle, tant par terre que par mer, n'avoient pas réussi; & après bien des victoires remportées par le Roi, les ennemis se trouvoient encore au milieu de la France.

Les Confédérés n'étoient pas dans un moindre embarras. Ils avoient à la vérité une troupe *leste & gaillarde*, mais aussi c'étoit leur derniere ressource. D'ailleurs, moins d'argent encore que le Roi. Plus ils approchoient du centre du royaume, plus ils ramenoient les Allemands au voisinage de leur pays; & ces étrangers disoient tout haut, qu'à la premiere occasion favorable ils les quitteroient, & retourneroient chez eux. Enfin, victorieux & triomphants, ils n'avoient plus ni habits, ni équipages; ils étoient mal armés, harassés comme des gens qui avoient fait plus de huit cents lieues depuis six mois, & ils se voyoient encore menacés de plusieurs petits corps d'armées, à travers lesquels il faudroit s'ouvrir le passage, s'ils vouloient suivre leur premier projet, de porter la guerre autour de Paris.

Opinions du temps à ce sujet. *La Noue.*

Les raisonneurs des deux côtés, comme il y en a toujours, trouvoient fort mauvais qu'on songeât à la paix. *C'etoit*, disoient les Catholiques,

CHARLES IX 1570.

*chose indigne & injuste, de faire paix avec des rebelles hérétiques, qui méritoient d'être griévement punis. Ils persistoient en leurs dires*, ajoute la Noue, *jusqu'à ce qu'on les eût guéri de cette sorte : si c'étoient gens d'épée, on leur enjoignoit d'aller les premiers à l'assaut, ou à une rencontre, pour occire ces méchants Huguenots ; de quoi ils n'avoient pas tasté une couple de fois, qu'ils ne changeassent vîtement d'opinions. Quant aux autres, qui estoient d'église ou de robbe longue, en leur remontrant qu'il étoit nécessaire qu'ils baillassent la moitié de leurs rentes, pour payer les gens de guerre, ils concluoient à la paix.*

De même, parmi ceux de la Religion, plusieurs rejettoient les propositions de paix, disant que ce n'étoit que *trahisons. Mais quand elles eussent été très-bonnes*, ajoute notre judicieux auteur, *ils en eussent dit autant, pour ce que la guerre étoit leur mere nourrice & leur elévement. Un bon moyen pour les ramener à la raison, c'étoit de proposer, pour la nécessité d'icelle, de retrancher leurs gages, ou de faire quelques emprunts sur eux ; alors en desi-*

*roient-ils une prompte fin. Oster à beaucoup de gens les profits & honneurs, alors jugeront-ils des choses plus sincérement.*

Les chefs qui voyoient de près la misere, sur-tout les excès affreux auxquels se laissoient aller les gens de guerre, pensoient bien différemment. La Noue attribue à l'Amiral d'avoir dit *plusieurs fois*, depuis la paix, *qu'il desiroit plutôt mourir, que de retomber en ces confusions, & voir devant ses yeux commettre tant de maux.*

*Ce n'est pas*, ajoute la Noue, *qu'il faille ressembler à une autre maniere de gens, qui indifféremment trouvoient toutes paix bonnes, & toutes guerres mauvaises: & quand on les assuroit de les laisser en patience manger les choux de leur jardin & serrer leurs gerbes, ils coutoient aisément l'un l'autre temps; dussent-ils encore, aux quatre fêtes annuelles, recevoir quelque demi-douzaine de coups de bâton. Ils avoient à mon avis, empacqueté & caché leur honneur & leur conscience au fond d'un coffre. Le bon citoyen doit avoir zele aux choses publiques, & regarder plus loin qu'à vivoter en des servitudes honteu-*

CHARLES IX 1570.

*ses. Pour conclusion, en ces affaires icy, la raison doit nous servir de guide, laquelle admoneste de ne venir jamais aux armes, si une juste cause & grande nécessité n'y contraint. Car la guerre est un remede très-violent & extraordinaire, lequel, en guérissant une plaie, en refait d'autres. Pour cette occasion n'en doit-on user qu'extraordinairement. Au contraire doit-on toujours desirer la paix.*

Nous rapportons avec satisfaction ces sentiments généreux d'un brave gentilhomme, ami de sa patrie, aussi éloigné de la basse complaisance, qui tolere tout, que de l'arrogance, qui ne veut rien souffrir. Les réflexions qu'il fait sur la maniere dont on doit envisager la guerre, ce fléau redoutable, méritent d'être transcrites. Elles sont courtes, & c'est la derniere fois que nous aurons occasion de citer *les discours politiques & militaires de la Noue*, qui finissent ici.

*Certes, un chacun doit se mettre devant les yeux (quand il voit le royaume embrasé de guerres), l'ire & le courroux de Dieu, & plutôt à l'encontre de soi que contre ses ennemis : car les uns disent, ce sont les Huguenots qui par leurs hérésies excitent ses vengeances sur eux : les autres repliquent, ce sont les Catholiques qui par leur idolâtrie les attirent ; & en tel discours nul ne s'accuse. Cependant la premiere chose qu'on doit faire, c'est d'examiner & accuser, en ces calamités universelles, ses propres imperfections, afin de les amender, & puis regarder la coulpe d'autrui ; & quand nous voyons une fausse & courte paix, nous devons dire que nous n'en méritons pas une meilleure ; pour ce que (comme dit le proverbe) quand le pont est passé on se mocque du Saint, & la plupart retournent en leurs vanités & ingratitudes accoutumées.*

On fait la paix.

Peu de personnes, même entre les Catholiques, pensoient aussi chrétiennement ; mais la nécessité mene souvent au même port que la raison & la Religion. On avoit besoin de la paix, & on la fit. Elle fut conclue le 2 Août à Saint-Germain-en-Laye, où étoit le Roi.

Outre les avantages des précédentes, savoir, amnistie générale, libre exercice de la Religion prétendue Ré-

CHARLES IX
1570.

formée, excepté à la Cour, aveu & approbation de tout ce qui avoit été fait, restitution des biens confisqués, droit à toutes les charges de l'Etat, les Calvinistes obtinrent deux points bien importants : 1°. la permission de récuser six Juges, tant Présidents que conseillers, dans les Parlements ; ce qui a donné dans la suite naissance *aux chambres mi-parties* : 2°. quatre villes de sureté, c'est-à-dire, dans lesquelles les Confédérés eurent droit de mettre des gouverneurs & des garnisons à leurs ordres. Ils choisirent la Rochelle, Montauban, Cognac, & la Charité. Elles leur furent abandonnées, après que les Princes de Béarn & de Condé, & vingt des principaux seigneurs de leur parti, eurent fait serment de les rendre dans deux ans.

Tout rentre dans l'ordre.
*Sully*, tome I, p. 30.
*Capi-Lupi*, p. 20.

De si grands avantages ont fait soupçonner que cette paix n'étoit qu'un piege, & qu'en la signant, la Cour avoit déja conçu le dessein de la rompre de la maniere la plus tragique. Quoi qu'il en soit, les Calvinistes y eurent une entiere confiance. Les Princes, l'Amiral & les autres chefs, reconduisirent jusqu'à Langres les

Allemands, & les congédierent poliment; *plus chargés*, dit de Thou, *de promesses que d'argent.* Ils revinrent ensuite à la Rochelle, où ils fixerent leur demeure auprès de la Reine de Navarre.

Mariage du Roi. *Le Lab. tome II.*

Charles IX épousa par procureur, le 23 Octobre, Elisabeth d'Autriche, seconde fille de l'Empereur, Princesse grave, prudente, d'un caractere doux & réservé. Elle eut la confiance & l'estime de son mari; mais elle n'osa se prévaloir de cet ascendant, qui auroit peut-être tourné au profit du royaume. Le jeune Monarque alla dans le mois de Novembre au devant d'elle jusqu'à Mézieres. A la fin de Décembre il reçut une ambassade solemnelle, qu'avoient envoyée les Princes Allemands de la Confession d'Ausbourg. Ils féliciterent Charles sur son mariage, & l'exhorterent à entretenir la paix, & à traiter avec bonté les Religionnaires de France. Le Roi leur fit une réponse vague, & les renvoya comblés d'honneurs & de présents.

*Fin du Tome premier.*

www.ingramcontent.com/pod-product-compliance
Lightning Source LLC
LaVergne TN
LVHW020610110826
845149LV00002B/438

* 9 7 8 2 0 1 4 5 1 4 3 4 6 *